Barry Purves

Stop-motion

s.m. técnica cinematográfica em que a câmera é parada e iniciada repetidamente

Tradução:
João Eduardo Nóbrega Tortello

Revisão técnica:
Sérgio Nesteriuk
Mestre e doutor em Comunicação e Semiótica
Diretor de Educação da Associação Brasileira do Cinema de Animação
Professor da PUC-SP, Universidade Anhembi Morumbi e FAPCOM

bookman

2011

Obra originalmente publicada sob o título
Basics Animation: Stop-Motion

ISBN 978-2-940373-73-4

Design de Tamasin Cole
www.tamasincole.uk.co
Imagem da capa: Madame Tutli-Putli (2007). Fotografia usada com a permissão do National Film Board do Canadá.

Capa: *Rogério Grilho*, arte sobre capa original

Leitura Final: *Angelita Santos da Silva*

Gerente Editorial – CESA: *Arysinha Jacques Affonso*

Editora responsável por esta obra: *Mariana Belloli Cunha*

Editoração eletrônica: *Techbooks*

Agradecimentos

Para minha querida irmã Amanda e seu marido Peter, que sempre me ajudaram de muitas maneiras.

Agradeço também a todos os animadores, marioneteiros, titereiros, realizadores, produtores, bailarinos, fotógrafos, artesãos e artistas que generosamente me deram permissão para usar suas belas e informativas fotografias.

Por fim, agradeço ao homem que começou tudo isso, Georges Méliès, sem quem...

P985s Purves, Barry.
Stop-motion / Barry Purves. – Porto Alegre : Bookman, 2011.
200 p. : il. color. ; 23 cm. – (Animação Básica ; 2)

ISBN 978-85-7780-901-1

1. Cinema – Técnicas – Stop-motion. I. Título.

CDU 791.62

Catalogação na publicação: Ana Paula M. Magnus – CRB 10/2052

Reservados todos os direitos de publicação, em língua portuguesa, à
ARTMED® EDITORA S.A.
(BOOKMAN® COMPANHIA EDITORA é uma divisão da ARTMED® EDITORA S. A.)
Av. Jerônimo de Ornelas, 670 – Santana
90040-340 – Porto Alegre – RS
Fone: (51) 3027-7000 Fax: (51) 3027-7070

Unidade São Paulo
Av. Embaixador Macedo Soares, 10.735 – Pavilhão 5 – Cond. Espace Center
Vila Anastácio – 05095-035 – São Paulo – SP
Fone: (11) 3665-1100 Fax: (11) 3667-1333

SAC 0800 703-3444

IMPRESSO EM CINGAPURA
PRINTED IN SINGAPORE

Max & Co 2007

diretores
Frédéric Guillaume e
Samuel Guillaume

Dois bonecos muito bem estilizados, com suas personalidades facilmente identificadas pelo figurino e pela postura.

Sumário

Introdução

Afinal, o que é stop-motion exatamente? Hoje, a resposta a essa pergunta com certeza seria um pouco imprecisa, pois a maioria das técnicas de animação tem alguns elementos e princípios que se sobrepõem. De modo geral, porém, stop-motion poderia ser definido como a técnica de criar a ilusão de movimento ou desempenho por meio da gravação, quadro a quadro, da manipulação de um objeto sólido, boneco ou imagem de recorte em um cenário físico espacial.

Se alguma dessas coisas despertam seu interesse, então estamos no caminho certo.

▶

She-Bop 1988

animadora
Joanna Priestley

Joanna Priestley utiliza sua animação para conduzir o espectador por transformações ousadas, quase xamanistas.

Outras técnicas seguem o mesmo processo, mas com uma sucessão de desenhos ou com imagens geradas por computador (3D). O movimento é criado quando paramos a câmera – e essa é uma adorável contradição, especialmente ao considerarmos que esse movimento é ilusão pura. Não há qualquer movimento real. Tecnicamente, essa definição se aplicaria a todos os filmes, pois o que na verdade observamos é apenas uma série de imagens fixas. A imagem faz uma pausa de uma fração de segundo na frente do feixe de projeção antes de ser substituída por uma imagem subsequente, da qual é separada por um quadro preto. Se duas imagens são suficientemente parecidas, o cérebro liga as duas, dando a impressão de movimento contínuo. Mesmo a pureza cristalina da projeção digital conta com essa combinação de imagens fixas e quadros pretos.

A animação do stop-motion é lenta e trabalhosa – e mesmo um filme muito curto exige uma enorme quantidade de recursos, paciência e inesgotável energia. Apesar disso, os estudantes ainda aceitam sem hesitar a chance de trabalhar com a mais antiga técnica de animação; e em qualquer mostra de animação, são sempre os bonecos físicos que atraem a multidão, com o público instintivamente acercando-se para tocá-los. O fato de as personagens existirem realmente é uma das maiores satisfações do stop-motion, e o fascínio que um objeto inanimado que se move "como que por mágica" desperta provavelmente nunca passará.

A maioria dos espectadores é suficientemente informada para saber se o que está vendo começou em um computador ou como um objeto sólido. Isso não se dá apenas devido às marcas características do ato de esculpir, como as impressões digitais, ou à textura dos tecidos, mas principalmente devido à maneira peculiar com que as personagens se movem.

Introdução

Stop-motion não é o que há de mais fluido ou preciso em animação – o 3D reivindica esse título –, mas isso é parte do seu charme. O que algumas pessoas veem como falha, outras adoram. Gosto da estranheza do stop-motion, da relativa rusticidade que sugere que uma mão humana esteve íntima e diretamente envolvida e do impacto emocional que isso provoca. Gosto do truque de ver um objeto sólido se mover no espaço real, de observar as maneiras inesperadas pelas quais a luz interage com os materiais. Gosto do fato de um objeto parecer ganhar vida. Gosto do truque. Há algo de xamanista nisso, e também há algo que se conecta imediatamente aos jogos infantis e, talvez, às fantasias mais sombrias. A fisicalidade natural do stop-motion dá acesso a tudo isso.

Ao longo deste livro, abordaremos essas qualidades específicas do stop-motion para que seu primeiro filme explore tudo que é bom e maravilhoso em relação a essa técnica muito especial, particularmente com relação aos filmes mais narrativos e figurativos ou encenados por bonecos. Também examinaremos outras disciplinas, outras formas de titeragem e outros meios que compartilham com o stop-motion a divertida celebração da arte, para vermos como contam suas histórias e o que podemos aprender com eles.

Com sorte, quando terminarmos, você estará ansioso e equipado para começar, e gostará do stop-motion tanto quanto eu e muitos outros.

The Pigeon 2009

animador

Hywel Prytherch Roberts

Os manipuladores, os animadores desse personagem de stop-motion ficam totalmente invisíveis para o público – seu trabalho é feito entre os quadros.

O que é stop-motion?

No Capítulo 1, vamos explorar a diferença entre stop-motion e outras técnicas, como ele evoluiu e como é utilizado.

Concentrando-se na ideia

No Capítulo 2, vamos analisar as diversas forças narrativas do stop-motion e como elas podem ser aplicadas às suas ideias.

Os bonecos

No Capítulo 3, vamos examinar uma ampla variedade de bonecos disponíveis para animadores de stop-motion e refletir sobre como os bonecos podem ajudá-lo a contar uma história.

Preparações

No Capítulo 4, vamos analisar a melhor maneira de usar os outros elementos da produção de filmes, como cenários, figurinos e esquemas de cor, com o stop-motion.

Ferramentas e técnicas

No Capítulo 5, vamos ver de que modo todos os elementos do stop-motion afetam o ato de contar a história e o filme em si e por que eles são tão importantes quanto a animação.

Movimento e performance

Por fim, no Capítulo 6, vamos ver como tirar o máximo do movimento peculiar do stop-motion.

Como aproveitar ao máximo este livro

Este livro apresenta os diferentes elementos da arte do stop-motion, desde o desenvolvimento do conceito inicial e a seleção do boneco certo até a criação da atmosfera e a iluminação de seu cenário. Cada capítulo fornece numerosos exemplos de trabalhos feitos por animadores importantes, acompanhados de citações que dão uma ideia de seu raciocínio, metodologias e processos de trabalho. Os princípios fundamentais da animação foram isolados para ajudar a mostrar como eles são aplicados na prática.

Navegação clara
Cada capítulo tem um subtítulo claro para que os leitores localizem as áreas de interesse.

Números de página
Localizados no canto superior direito de cada página dupla.

Diálogo 152 | 153

Performances vocais

Ao usar o diálogo, é essencial que ele seja gravado e decomposto em quadros nas **folhas de exposição** (*x-sheets*) bem antes da filmagem. É muito mais fácil um animador encaixar formas de boca no diálogo do que um ator conseguir encaixar sua voz em animação já filmada.

Quando se grava as vozes para stop-motion, o truque é obter o máximo de fisicalidade e espontaneidade possível, bem como ter absoluta consciência da geografia da cena. A maioria dos animadores gosta de trabalhar todas as pequenas respirações e pausas; ver um boneco aparentemente gaguejar em uma palavra dá vida a ele. Antecipar um diálogo, animando uma tomada de fôlego, acrescenta uma quantidade de vida surpreendente. Mais uma vez, são as pequenas imperfeições não planejadas que funcionam tão bem.

Uma voz mecânica e fria, tratada quase como uma narração, não se adequará bem ao boneco. Portanto, é fundamental descrever o melhor possível para o ator o que o boneco estará fazendo; por exemplo, ele está correndo em uma praia ou está sussurrando em um armário?

Qualquer dinâmica física só ajudará a animação. É importante estimular os atores a dar vida às palavras com o que acham que funciona. E, quando possível, ajuda ter o elenco dessa cena no mesmo espaço, olhando uns para os outros, para que o ritmo flua naturalmente. Se isso não for possível, faça alguém ler as falas fora do microfone para que você nunca tenha um ator dizendo suas falas isoladamente. Tecnicamente, é sensato deixar uma lacuna entre cada fala do diálogo, mas, às vezes, você pode ouvir o ator antecipando esse intervalo, de modo que isso deve ser tratado caso a caso.

Evidentemente, tudo isso pode significar que a animação tenha de se ajustar, necessariamente, à performance vocal. Isso pode tolher a animação; portanto, em um mundo ideal, o animador terá alguma contribuição no trabalho de voz (como sugerir certos trechos de ações características ou físicas que afetarão a performance vocal). Tente garantir que o diálogo e a música estejam disponíveis em sua estação de trabalho ao fazer as tomadas de cenas, para que você possa ouvir cada pronúncia e pausa em cada quadro. Recorra a isso o máximo possível.

Gilbert & Sullivan – The Very Models 1998

animador
Barry Purves

Mr Sullivan em pleno canto. Embora ele não tivesse língua nem dentes, o ritmo forte da música e formatos de boca versáteis contribuiu para um sincronismo labial convincente.

Ferramentas e técnicas

Folhas de exposição contêm o diálogo (*x-sheets*) ou a música (*bar sheet*) decompostos em sons precisamente cronometrados que se estendem numerosos quadros, ajudando o animador a coreografar a ação ou os formatos de boca. Trata-se de uma visualização fundamental do som, mostrando as cadências e os silêncios. É nossa equivalente de uma partitura.

Som > **Diálogo** > Efeitos especiais

Glossário
Fornece as definições de termos importantes, realçados no texto principal.

Legendas
Fornecem informações adicionais e diretrizes sobre como ler a ilustração ou o contexto histórico.

Rodapés laterais
Destacam a unidade atual e listam as seções anteriores e seguintes.

Ilustrações
Aparecem por toda parte para dar ideias e informações de apoio ao texto principal.

Citações
São incluídas frases e depoimentos de animadores de destaque.

Pontos de reflexão
Resumem, orientam e informam estratégias de prática e análise.

Neste capítulo de abertura, veremos como o stop-motion evoluiu quase que acidentalmente nos primórdios do cinema. Veremos também o que é stop-motion exatamente e como ele funciona, além de examinarmos seus prós e contras. Exploraremos o processo singularmente tátil do stop-motion, como esse processo se difere de outras técnicas de animação e por que é uma parte tão importante do resultado final. Analisaremos as diversas maneiras em que a técnica tem sido utilizada no decorrer dos anos e como pode se desenvolver no futuro.

Por fim, refletiremos sobre a melhor maneira de utilizar essa técnica nos seus próprios filmes.

◀

Fúria de Titãs 1981

animador
Ray Harryhausen

Vemos aqui um dos grandes da animação stop-motion, Ray Harryhausen, animando o terrível Kraken. Em algumas cenas debaixo d'água, imagens desse boneco são alternadas com outras em *live-action*.

Outras estrelas do passado

Méliès não surgiu, como um de seus truques, do nada. Seu trabalho foi resultado de décadas, talvez séculos, de experiências por todo o mundo com brinquedos ópticos, as novas câmeras cinematográficas e os avanços tecnológicos em geral. Para muitos animadores, porém, ele encarna o espírito do stop-motion. Entre seus contemporâneos mais importantes, pode-se incluir Edwin Porter, nos Estados Unidos, que utilizou o stop-motion para dar vida a camas em *Dream of a Rarebit Fiend* (1906). Um ano depois, J. Stuart Blackton animou objetos em stop-motion para sugerir atividade paranormal numa casa mal-assombrada em *The Haunted Hotel* (1907), enquanto Émile Cohl se divertia com fósforos dançantes em *Bewitched Matches* (1913).

Todos esses trabalhos usaram stop-motion como efeito especial, mas a manipulação pura de bonecos começou a aparecer em filmes como os do russo Ladislaw Starewicz, estrelado por animais e insetos incríveis – *The Tale of the Fox* (1930), por exemplo, e *The Mascot* (1934). Esses filmes contêm animação extraordinariamente sofisticada e complexa, com bonecos cheios de detalhes. Apenas a quantidade deles já assustaria muitos animadores hoje. Os bonecos estavam realmente atuando e, em muitos casos, graças a alguma mecânica sofisticada, aparentemente respirando.

Enquanto filmes como esses apresentavam mundos em miniatura inteiramente fabricados, em 1933, Willis O'Brien criou a ilusão de que sua magistral criação, King Kong, estava irrompendo violentamente em um mundo muito real. Mesmo hoje, a mistura de técnicas e efeitos especiais de *King Kong* continua sendo bastante impressionante, mas são os pequenos detalhes da atuação psicológica e da personagem que ainda mexem conosco. Por exemplo, o momento de dúvida de Kong ao dar um leve tapa na mandíbula do Tiranossauro Rex morto ainda faz sorrir. Esse pequeno gesto mostrou que um boneco era capaz de atuar.

The Tale of the Fox
(**Le Roman de Renard**) 1930

diretor
Ladislaw Starewicz

Este filme antigo, com bonecos requintados e surpreendentemente expressivos, foi uma das primeiras vezes que stop-motion foi utilizado para criar uma performance, em vez de um efeito especial.

A ilusão de movimento

Sem nunca aparecerem em cena, os animadores que usam stop-motion criam movimento na sucessão dos quadros, produzindo a ilusão de uma ação independente e contínua. No passado, essa ilusão foi atribuída a uma teoria chamada "persistência retiniana".

Muitos diretores de cinema e animadores se referem à persistência retiniana como um fenômeno por meio do qual o olho humano (e/ou cérebro) sempre retém as imagens por uma fração de segundo. A teoria diz que tudo que percebemos é uma combinação do que está acontecendo no momento e do que aconteceu um instante antes. Muitas vezes, os diretores de cinema contam com esse processo para fazer com que os espectadores percebam uma sequência de fotogramas individuais como um filme contínuo.

Contudo, atualmente não existe qualquer evidência médica que apoie essa teoria, e os psicólogos afirmam que a persistência retiniana não é necessária para que ocorra a ilusão de movimento ao assistirmos um filme. É claro que isso é diferente da conhecida experiência de ver uma "pós-imagem" depois de olhar para uma luz relativamente brilhante. A teoria da persistência retiniana afirma que esse processo acontece constantemente em tudo que vemos e isso também está sendo amplamente questionado agora.

Edgar Allan Poe

Nesta engenhosa apresentação de marionetes do Center for Puppetry Arts, em Atlanta, o manipulador e o processo de manipulação fazem parte da peça. A ação ocorre em tempo real, na frente do público.

Pas de deux 1968

animador
Norman McLaren

Uma cena do revolucionário filme *Pas de deux*, de Norman McLaren, que usa várias imagens consecutivas de uma dançarina em movimento condensadas em um único fotograma. A validade da teoria da persistência retiniana é como um campo minado e, atualmente, é rejeitada. Tem-se sugerido que, se a teoria estivesse correta, então veríamos o mundo como ele aparece nesse filme inovador.

Exercício: titeragem

O stop-motion combina o mundo relativamente moderno da animação com a antiga tradição da titeragem. O que torna o stop-motion diferente da maioria das outras formas de titeragem é que ele não é feito ou filmado em tempo real, nem executado na frente do público; ao contrário do que ocorre normalmente com as marionetes, neste caso, os operadores não são vistos.

Tente encontrar o máximo de exemplos de titeragem possível e veja como as diversas técnicas ajudam ou atrapalham na movimentação da personagem. Veja como a técnica é usada na narrativa.

Movimento contínuo

No stop-motion, assim como em toda animação, a criação bem-sucedida de movimento contínuo depende de como um quadro (ou uma posição) se relaciona com os quadros anteriores e subsequentes. Quanto mais um quadro se conecta com o anterior, em termos de composição, movimento, cor e assim por diante, melhor e mais fluida será animação.

Se dois quadros consecutivos não tiverem relação entre si, o cérebro do espectador terá dificuldade para entender a informação que está sendo apresentada. Certamente, nenhuma ilusão de movimento suave será observada. Por exemplo, se um objeto estiver posicionado à esquerda de um quadro e, no seguinte, tiver se movido ligeiramente para a direita, o cérebro do espectador poderá compreender facilmente que o objeto se moveu um pouco para a direita. Há uma suposição inconsciente de que o objeto percorreu o caminho mais curto entre as duas posições. Contudo, se o segundo quadro mostrasse o objeto na extremidade direita da cena, o espectador não teria informações suficientes para presumir um movimento regular; não haveria encadeamento entre as posições do objeto.

Para permitir que o espectador receba um movimento fluido, precisamos fazer todos os esforços para criar essa ilusão. Vamos continuar a usar como exemplo nosso objeto movendo-se da esquerda para a direita na tela. Se quisermos criar a ilusão de que o objeto foi da esquerda para a parte superior do quadro e depois diretamente para a parte inferior direita, devemos detalhar o movimento o máximo possível. Isso precisa de mais informações e mais quadros – normalmente mostrando os movimentos intermediários a uma velocidade em torno de 24 ou 25 quadros por segundo (fps, do inglês, *frames per second*). Um movimento idêntico em *live-action* teria um rastro desfocado relacionado à direção em que se deu o movimento. Na animação stop-motion, dependendo do orçamento e da tecnologia, normalmente não temos esse rastro e, assim, precisamos planejar bem cada intervalo de movimento. Podemos fazer isso dando bastante ênfase aos elementos da animação e às reações do ambiente aos movimentos de cada personagem.

Propaganda natalina da Cityco 2009

diretor
Barry Purves

Esta sequência de imagens de um divertido anúncio mostra a evolução entre seus quadros. Trabalhar com muitos objetos e bonecos, todos se movendo em diferentes velocidades, certamente exige foco e noção espacial acurada.

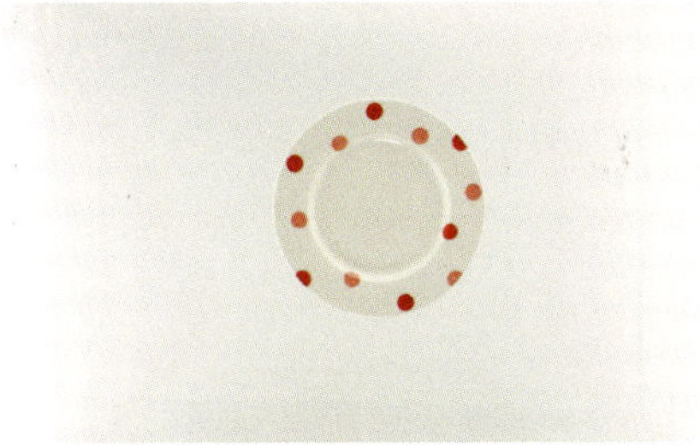
1

2

3

4

5

6

7

8

Ajudando os olhos a ler a animação

Em poucas palavras, a presença ou a ausência de suavidade em sua animação dependerá de quantos detalhes e informações correlacionados você conseguir inserir nela.

No nosso dia a dia talvez haja informações que podem não ser processadas. Por exemplo, detalhes que não processamos mentalmente, causados por um movimento rápido da cabeça, elementos que surgem e desaparecem subitamente ou que ficam fora de foco, tudo isso pode causar desorientação e tontura, às vezes atenuadas pelo piscar ou apenas pelo fechar dos olhos. Os olhos normalmente piscam no início de um giro rápido da cabeça, para não terem de lidar com informações demais em um movimento semelhante ao **chicote** (*whip pan*). Pessoas em uma montanha-russa se deslocam tão rápido que não conseguem apreender o que está se passando ao seu redor e, portanto, se sentem totalmente desorientadas (ou pior). Os olhos não conseguem processar tudo rápido o suficiente. Focar na barra de segurança, que está estática, facilita as coisas.

Da mesma forma, se é preciso coreografar um movimento desenfreado e turbulento, uma animação de movimento mais moderado em outro lugar no quadro ajuda a contrabalançá-lo. Isso não é diferente de tocar piano. A mão direita normalmente executa todas as partes mais agitadas, enquanto a esquerda se movimenta vagarosamente, proporcionando uma base sólida para a peça. Tire o ritmo (ou espinha dorsal) da mão esquerda e a direita se destacará menos.

Achilles 1996

animador
Barry Purves

Aqui, uma pose forte, que destaca os momentos de narrativa do movimento, é reforçada pela cauda, que cria a ilusão de dinamismo e inércia. Nossa animação trata da ilusão, e não da exatidão mimética.

Um contraponto estático

Frequentemente, para que um movimento funcione, é preciso que o espectador veja algo que não se move – uma bela contradição. Se uma personagem animada estivesse se movendo contra um fundo vazio com iluminação dura, o efeito de seu movimento real não seria lido tão bem como se houvesse iluminação suave e um fundo com detalhes. O movimento é registrado pelo contraste contra algo que não está se movendo. Isso se aplica particularmente ao stop-motion, no qual as personagens se movem em um espaço real.

É importante tirar o máximo do movimento para que seja fácil aos olhos e ao cérebro do espectador perceberem o que queremos que percebam. Se a animação contiver cortes rápidos demais ou movimentos demasiadamente grandes ou pequenos, ela simplesmente não será "**lida**" corretamente pelo espectador. Temos de ser muito enfáticos com os momentos da narrativa que comunicam o significado do movimento.

Chicote (*whip pan*) é quando a câmera se move de uma posição para outra em uma velocidade tal que o espectador não registra o que há entre as duas posições.

Ler, neste contexto, significa entender ou registrar o sentido ou a implicação do que é visto.

Transcendendo o realismo

Técnicas de animação como 2D, 3D e stop-motion são todas capazes de sugerir o peso e a inércia do movimento alongando e comprimindo (*stretching* e *squashing*) as personagens. Contudo, para trabalhar com bonecos sólidos, talvez tenhamos que descobrir vários pequenos truques para fazer o movimento ser claramente compreendido pelo espectador. Veremos esses truques mais adiante, mas aqui é interessante observar que dar bastante ênfase ao movimento é o primeiro passo para afastar a animação, e certamente o stop-motion, da simples imitação de um *live-action*. O movimento detalhado se torna uma nova maneira de se comunicar, e isso deve ser estimulado e apreciado. O que funciona para um ator de *live-action* não funciona necessariamente para um boneco de *stop-motion*, e isso exige uma estratégia diferente – o que, na verdade, é uma alegria e uma libertação. Se você tem a sensibilidade de um bailarino, mímico ou ator, os quais se dedicam a mecanismos mais afins à narrativa do que à realidade, então provavelmente vai se divertir com o stop-motion.

His Dark Materials 2009

autor/bonecos
Philip Pullman/
Blind Summit Theatre

Cena de uma produção do Blind Summit Theatre na qual, em vez de imitar a vida real por meio de uma técnica invisível, a alegria da ilusão e do artifício é magnificamente colocada à mostra.

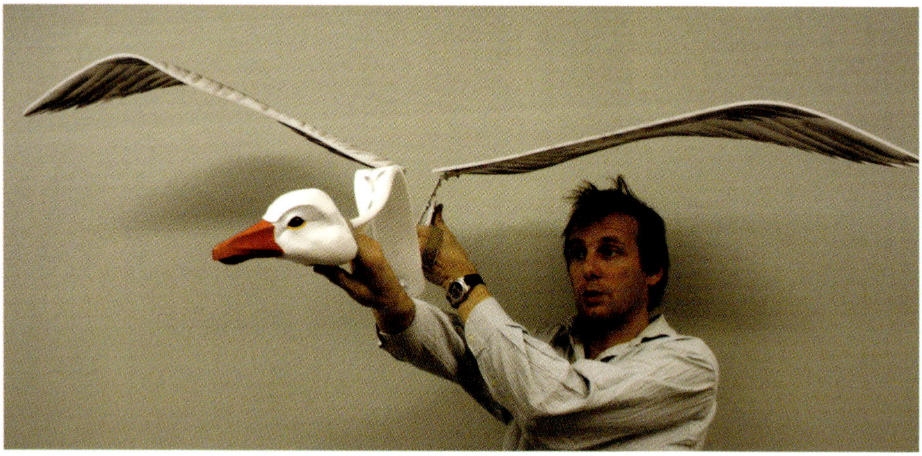

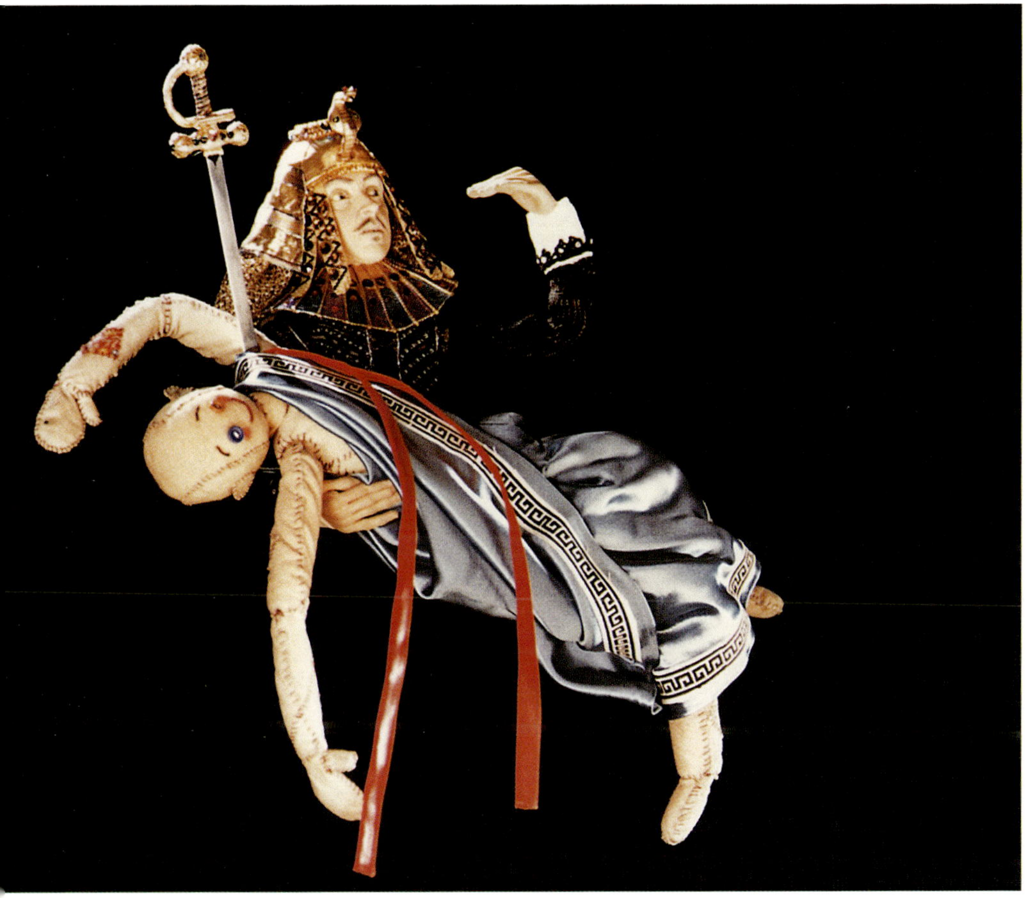

Next 1989

animador
Barry Purves

Os braços e a cabeça pendentes dão uma boa sugestão de peso para um boneco muito leve. Pode ser interessante mostrar claramente as leis da física em ação, mesmo em uma cena fantástica.

Fisicalidade

Um dos principais atrativos do stop-motion é que o animador manipula algo bem material, que se move em um espaço concreto, reagindo espontaneamente à luz, ao foco e à profundidade. Em outras formas de animação, sombras precisam ser adicionadas, mas no stop-motion bem iluminado, as sombras acontecem naturalmente e conferem uma existência absolutamente convincente às personagens. O espectador pode ver a personagem interagindo com seu ambiente e existindo nele. O boneco está diretamente ligado ao seu mundo, o que só pode acrescentar credibilidade à sua narrativa.

Textura e iluminação

Personagens materiais têm textura própria, outra grande vantagem do stop-motion, e podemos extrair o máximo dela com uma iluminação eficiente. Não faz muito sentido modelar um boneco, cenários e fundos maravilhosamente detalhados e depois chapar todas as texturas com uma luz frontal dura. Assim, a personagem começaria a parecer um cartum. Talvez você já tenha visto cartuns de baixo orçamento ou malfeitos em que as personagens não são afetadas pela iluminação da arte de fundo. Como consequência, elas transitam pelo ambiente sem projetar sombras ou causar qualquer outro efeito físico, não se conectando de forma verdadeira ao seu entorno.

Entretanto, atualmente o 3D é capaz de produzir texturas extraordinariamente fotorrealistas nas personagens. Aos animais, por exemplo, pode dar uma pelagem bonita, sugerindo até movimentos musculares por baixo dela, algo com que o stop-motion não pode contar. Isso é resultado de muitas decisões tomadas, muito trabalho e muita coordenação entre os responsáveis pelo *rigging* (sistema de articulação), pela textura e pela iluminação. Com o stop-motion, uma vez que você tenha os bonecos e o cenário, terá meio caminho andado. Como animadores do stop-motion, temos como vantagem o fato de que, estando os bonecos prontos, eles parecerão integrados ao seu mundo instantaneamente. Conforme veremos no restante do livro, também existe uma variedade de pequenos truques para ligar um personagem ainda mais ao seu mundo.

Rigoletto 1995

animador
Barry Purves

Uma personagem de *Rigoletto* que parece bastante relacionada ao seu ambiente – como, de fato, está. Isso se dá devido à iluminação cuidadosa e ao fato de ela estar fisicamente presente no estúdio, não sendo criada ou adicionada ali em um estágio posterior. Trata-se de um objeto real em um espaço real, e o espectador absorve essa informação, captando indícios de como as sombras se projetam, o que ajuda a ancorar o boneco no espaço.

Detalhe

A possibilidade de detalhamento dos bonecos frequentemente surpreende o público e, novamente, essa é uma qualidade que devemos apreciar. Decidir sobre os pequenos detalhes dos bonecos e de seus ambientes pode ser um dos elementos mais agradáveis de nossa profissão. Incluir uma grande quantidade de pequenos detalhes também ajuda a fornecer ao espectador informações adicionais sobre a escala de personagens e cenários, dotando essas personagens de uma história e personalidade, localizando-as em seu mundo. Pequenos detalhes bem planejados também podem tornar exibições repetidas mais agradáveis.

Incluir um nível de detalhe semelhante em animação 2D poderia ser frustrante e extremamente trabalhoso – embora não impossível. Imagine ter de reproduzir o pelo eriçado de um animal ou uma roupa estampada a cada quadro.

Até certo ponto, o 2D funciona capturando o máximo de uma personagem com o mínimo de detalhe possível, fazendo cada linha desenhada revelar algo. Todas as linhas têm uma razão de existir.

Contudo, algumas animações 2D contêm uma quantidade de detalhes incomum, ainda que o esforço e controle necessários para reproduzir fisionomias complexas, por exemplo, possa levar à imprecisão nas linhas. Essa imprecisão dá "vida própria" às linhas, tornando-as "nervosas" e oscilantes, o que produz um efeito vibrante, como em muitos dos filmes palpitantes e corpóreos de Joanna Quinn – bastante diferentes dos contornos precisos da maioria das animações 2D. O mais próximo que podemos chegar dessa energia exuberante no stop-motion é com a massinha, quando o animador modela livremente.

Puffer Girl 2009

animadora
Joan Gratz

Joan Gratz foi pioneira na técnica de animação conhecida como *claypainting*. Nela trabalha-se com pedaços de massinha para misturar cores e, então, grava-se linhas finas para criar um fluxo de imagens ininterrupto. Neste curta-metragem, *Puffer Girl*, a técnica entra na esfera do digital, incorporando fotografia, Photoshop e AfterEffects.

Wife of Bath 1998

animadora
Joanna Quinn

O filme maravilhosamente corpóreo de Joanna Quinn, *Wife of Bath*, utiliza uma linha viva e espontânea – a mão humana fica muito evidente na técnica. O movimento da linha confere muita energia às personagens, dando-lhes vida. O detalhamento também diferencia facilmente as personagens dos fundos , mais indefinidos e menos relevantes.

Rostos

Os animadores que trabalham com bonecos têm a sorte de que, uma vez modelado um rosto, esse item está lá permanentemente. Contudo, se você estiver trabalhando com plastilina ou massinha, uma fisionomia complexa dará muito trabalho. Se fizer uma personagem cujo rosto é cheio de rugas interessantes, será extremamente difícil mantê-las ao longo do processo físico de manipular e remodelar a personagem. A animação com massinha é diferente das outras formas de stop-motion, pois exige uma remodelagem, em vez de apenas um reposicionamento, entre os quadros. O material macio e maleável fica facilmente marcado com impressões digitais e sujeira, e a uniformização e limpeza necessárias para cada quadro podem retardar o processo de animação. Como animador de massinha, é fundamental que você seja um modelador competente e goste das características desse material.

Assista a um dos filmes de Wallace e Gromit, da Aardman Animations, concentrando-se particularmente no focinho de Gromit. Ele é enganosamente simples, com um formato forte, limpo e bem definido, que o animador pode reproduzir e manter facilmente na sucessão dos quadros. A expressão vem principalmente de seus olhos e sobrancelhas, assim como de algumas piscadas oportunas e do uso sensacional da linguagem corporal e do ritmo. O segredo de Gromit é que ele é muito controlado, de modo que cada mínimo movimento diz alguma coisa.

Harvie Krumpet 2003

animador
Adam Elliot

Uma imagem do comovente filme *Harvie Krumpet*, de Adam Elliot, que lida com questões amplas e delicadas, transmitidas por um design de personagem deliberadamente simples, no qual o material e a modelagem fazem parte da narrativa.

As calças erradas 1993

animador
Nick Park

Wallace e Gromit, com as feições exageradas, as texturas e o material que caracterizam suas personagens. Formas fortes e limpas são mais fáceis de manter durante o constante processo de remodelagem em massinha e plastilina do que formas detalhadas.

Para assistir

Vale a pena assistir *Grey Wolf and Little Red Riding Hood* (1990), de Garri Bardin. Nele, a modelagem não tem a sutileza de Gromit, mas tem uma energia exasperada, que combina com o dinamismo da narrativa. A remodelagem é um processo consciente de sua própria importância. Da mesma forma, nos filmes sensíveis de Adam Elliot, parte do prazer está em ver a mera manipulação da plastilina. Ironicamente, a animação de Adam funciona por se mover muito pouco – dê uma olhada em seu excelente *Harvie Krumpet* (2003) para ver como isso funciona mesmo.

Uma performance contínua

A maioria das animações passa por vários processos, com diferentes elementos sendo animados em etapas diversas, ou definindo-se primeiro os *key-frames* e, então, preenchendo os intervalos. Stop-motion não tem nada disso, e trabalha com uma continuidade direta e linear. Você começa a gravar literalmente no primeiro quadro e termina gravando o último quadro, construindo a cena organicamente, à medida que prossegue. Esse método linear de gravação (às vezes conhecido como animação *straight-ahead*, ou quadro a quadro) ajuda o fluxo da ação. Também é uma maneira muito prazeirosa e lógica de fazer um filme. É uma performance contínua em pequenos trechos e, supondo que você seja o único animador a manipular o boneco, isso leva a uma continuidade forte na ação.

Transferência de personalidade

Com essa intimidade entre boneco e animador, pode haver certa transferência das características de cada um. Com um boneco em sua mão, provavelmente o animador obterá reações mais diretas e verdadeiras. Não há qualquer tecnologia, e ninguém mais para atrapalhar. Às vezes, isso pode ser um obstáculo, com a personalidade do animador interferindo demais na animação, especialmente em um projeto maior, em que uma mesma personagem será manipulada por vários animadores. Na maioria das vezes, contudo, essa é uma vantagem, e certos animadores são frequentemente escalados para determinados tipos de cenas. Por exemplo, alguns acham mais fáceis as cenas de humor físico, enquanto outros lidam melhor com cenas mais comoventes. Seria uma lástima não deixar a personalidade do animador exteriorizar-se por meio do boneco. Assim como em outras formas de titeragem, é importante divertir-se com o contato direto entre boneco e titereiro. O toque de uma mão humana no boneco confere muita alma à animação, na falta de expressão melhor.

Boneco e titereiro

O relacionamento direto entre boneco e titereiro é mostrado aqui pelo animador Michael Cusack (à esquerda) e sua estrela, a Gárgula, e pelo bonequeiro Ronnie Burkett com seu personagem Billy Twinkle (página ao lado). Com stop-motion, assim como na titeragem tradicional, frequentemente é a imprevisibilidade da interação humana com um objeto que confere tanto espírito às personagens.

Animação "ao vivo"

A maior parte do público de stop-motion gosta de sua estranheza, de suas pequenas imperfeições. Da mesma forma, a maioria dos animadores gosta do fato de que, ao animar, você não tem a chance de refinar. Uma vez que tenha reposicionado a personagem, você perde imediatamente o quadro anterior. Isso tanto é uma enorme pressão quanto parte do encanto. E também é semelhante a atuar e fazer animação ao vivo, com toda a adrenalina e emoção envolvidas nisso. Esse traço pode fazer você se sentir muito desprotegido e exposto, e o modo como você reage a essa pressão deve caracterizar a maneira como se sente a respeito do stop-motion.

Embora você possa realizar seu primeiro curta-metragem totalmente sozinho, em projetos maiores você provavelmente fará parte de uma equipe. No stop-motion, a equipe tende a estar quase toda no mesmo estúdio; isso é diferente do 3D, onde às vezes grande parte do trabalho é feita no exterior ou em outros estúdios e a Internet é utilizada para acompanhar o progresso. Do ponto de vista prático, o stop-motion não pode ser feito em outros lugares, pois há muito compartilhamento de bonecos e cenários, e sua criação deriva do trabalho em grupo; assim, a comunicação é uma parte importante do processo. Há muita colaboração, encorajamento e crítica envolvidos – um espírito de equipe e uma camaradagem que raramente são encontrados em outras técnicas de animação.

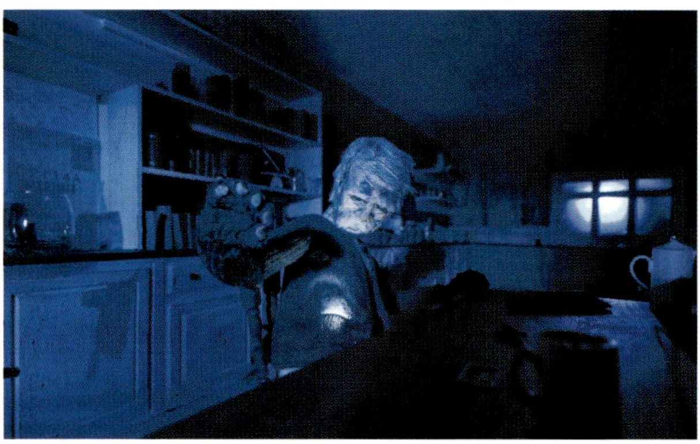

Tomorrow 2009

animador
Bob Lee

O animador Bob Lee filmando *Tomorrow* em condições muito restritas. De todas as técnicas de animação, somente o stop-motion é tão fisicamente exigente e desconfortável.

Efeitos especiais

No presente, o stop-motion tem sido usado como um meio em si, e é nesse uso que nos concentraremos na maior parte deste livro. Contudo, muitas técnicas que utilizamos agora em filmes de animação foram desenvolvidas como efeitos especiais para filmes em *live-action*. Vamos ver como o stop-motion permitiu aos diretores de cinema introduzirem elementos de fantasia ou ação em seus trabalhos quando isso simplesmente não podia ser feito de outra maneira.

Uma solução prática

No filme *King Kong* de 1933, a criação mais famosa de Willis O'Brien tinha apenas 45 cm de altura, mas parecia do tamanho de uma casa. O stop-motion foi usado para criar a ilusão de uma criatura enorme, já que, além de não existirem primatas desse tamanho, nenhum gorila foi treinado para atuar (como haviam proposto inicialmente!). Chegou-se a cogitar usar um homem vestido de gorila, mas felizmente essa ideia também foi rejeitada. O stop-motion permitiu que o King Kong atuasse com notáveis nuances e fisicalidade convincente. Em 1933, essa técnica era a melhor solução possível para o problema de dar vida a uma criatura fantástica na tela grande. Contudo, na versão de 2005 da história, feita por Peter Jackson, uma performance em *motion capture* era totalmente apropriada. O público moderno não aceitaria o movimento inconfundível do stop-motion em um filme em *live-action* tão visceral.

King Kong 1933

animador
Willis O'Brien

Este cartaz publicitário tão conhecido e apreciado é um tanto generoso quanto ao tamanho do Kong. Em 1933, o stop-motion era a maneira mais prática de dar vida a essa criatura fantástica. Ele permitiu ao King Kong atuar e, com isso, possibilitou que o público se envolvesse realmente com ele, como uma personagem lado a lado com os atores humanos no filme.

King Kong 2005

animador
Weta Digital

Em 2005, a tecnologia e as expectativas do público tinham mudado. Por isso, a performance em *motion capture* de Andy Serkis e a animação 3D da Weta Digital eram uma escolha muito mais conveniente para tornar o King Kong atual verossímil.

Para assistir

Preste atenção no instante imediatamente depois de o King Kong ter matado o Tiranossauro Rex na versão de 1933 do filme. Quando o dinossauro fica imóvel após a luta visceral, Kong toca delicadamente em sua mandíbula mole, certificando-se de que o tinha matado. De repente, em meio à violência, há uma performance delicada da personagem. Isso ocorre quando um processo mental e um efeito especial juntos se transformam em representação artística. É um momento tão icônico que houve referência a ele na versão de 2005.

Trabalho de dublê do stop-motion

O stop-motion também simulou *live-action* em atuações perigosas demais para os dublês desempenharem – ou quando a logística era muito complicada e cara para se fazer de verdade. Por exemplo, em uma cena curta, quase invisível, de *As Aventuras do Barão de Münchausen* (1989) foi usado um boneco de John Neville como o barão sentado, com uma perna de cada lado, em uma enorme bala de canhão voando pelos ares, assim como foram usadas bonecas de Fay Wray no *King Kong* de 1933. Da mesma forma, as sequências animadas do vagonete de mina desgovernado em *Indiana Jones e o Templo da Perdição* (1984) obviamente economizaram a construção de um cenário enorme. No mesmo filme, o uso de uma Kate Capshaw animada em uma cena em que ela ficava pendurada sobre um buraco em chamas evitou certo desconforto para a atriz. Contudo, devido à peculiaridade do stop-motion e à sofisticação do 3D, tais sequências agora parecem um pouco inadequadas dentro do restante do filme.

Muitos filmes antigos usaram stop-motion para as personagens, como um Buster Keaton de stop-motion sobre um dinossauro em *As Três Eras* (1923), mas também o usaram em conjunto com maquetes de paisagens de fantasia ou em cenários que não podiam ser construídos em tamanho natural em estúdio. Por meio desses cenários, frequentemente realçados por *matte paintings* muito bem feitos de castelos ou paisagens impressionantes, chacoalhavam miniaturas de trens em *live-action* ou veículos de stop-motion em colisão, normalmente com uma figura humana muito estática dentro.

Nos filmes de horror antigos, você encontrará heras assassinas ou esqueletos de stop-motion. Eles surgem em lugares surpreendentes. Muitos dos filmes antigos de Hitchcock estão repletos de trabalho em miniatura. Quando um efeito não podia ser conseguido de outra maneira, devido à escala ou ao orçamento, o stop-motion era frequentemente mesclado ao *live-action*. Para o público moderno, essas cenas simplesmente não funcionam, com a escala muito facilmente revelada por características diferentes no foco, na iluminação ou no movimento. Elementos como fogo, água e fumaça particularmente não convencem quando usados com modelos em miniatura. As gotas d'água são grandes demais e não se comportam da mesma maneira que as grandes extensões de água. É aí que as imagens 3D têm suplantado o stop-motion. Elas podem tornar esses efeitos totalmente convincentes.

Labaredas do Inferno 1955

Cena de *Labaredas do Inferno*, mostrando um trabalho com modelo em miniatura combinado ao *live-action*. Em muitos filmes antigos, elementos de stop-motion, como veículos e aviões colidindo ou prédios desmoronando, eram a única maneira de sugerir esses efeitos especiais.

Máquinas futurísticas

Os *AT-AT walkers*, em *O Império Contra-Ataca* (1980), eram pequenos modelos de stop-motion filmados de forma a parecerem máquinas enormes. Hoje, certamente seriam criados como modelos 3D, com muito mais controle e sutileza (embora uma multidão de fãs sentiria falta daquele andar tão característico e do fato de que eles realmente existiram como modelos detalhados). Essas máquinas AT-AT, como as máquinas ED-209 de duas pernas em *RoboCop* (1987) e alguns dos veículos subaquáticos em *O Segredo do Abismo* (1989), estavam tentando ser realistas em um filme em *live-action*, pois teria sido muito difícil integrá-las na ação de outra maneira. Modelos reais em tamanho natural poderiam ter sido construídos e controlados com quilômetros de cabos, mas seu custo teria sido proibitivo. Os modelos de stop-motion eram uma resposta prática – a mão humana eliminando a necessidade de máquinas complexas.

Em filmes como *O Milagre Veio do Espaço* (1987), as personagens principais dos pequenos discos voadores são representadas por uma combinação de bonecos de stop-motion contra uma tela azul e marionetes e títeres de vara em *live-action*. Nesse tipo de filme, se uma miniatura precisa de um movimento mais suave do que normalmente é possível com stop-motion, ela pode, às vezes, ser movida durante a gravação da cena com varinhas externas ligadas a motores. Essa técnica, conhecida como *go-motion*, causa uma desfocagem na ação para criar um movimento mais fluido do que o stop-motion tradicional.

O Império Contra-Ataca
1980

animador
Phil Tippett

Os *AT-AT walkers* de *O Império Contra-Ataca* foram magnificamente animados por Phil Tippett. Passos lentos e um ritmo pesado deram ao stop-motion a ilusão de escala imensa e densidade, ao mesmo tempo que conferiram um aspecto bem peculiar ao movimento.

Dando vida à fantasia

Os dinossauros e criaturas maravilhosas criados por Jim Danforth, David Allen, Ray Harryhausen e Randall William Cook agora parecem duros perto das imagens 3D de filmes como *Jurassic Park – O Parque dos Dinossauros* (1993). A tecnologia digital permite que cada escama ou ondulação de músculos sob a pele seja animada, até excessivamente, e que cada pelo possa brilhar com o suor. Com o 3D é possível criar personagens incrivelmente detalhados e movimentos realistas, e questões como sugerir a escala dessas criaturas raramente são um problema.

Por outro lado, mesmo o stop-motion mais sofisticado é perceptível quando colocado ao lado de *live-action*. Há algo em relação ao foco, à iluminação e, especialmente, ao movimento que denuncia sua pequena escala. Contudo, em muitas ocasiões ficamos gratos por isso. Quando uma Raquel Welch de stop-motion agarra-se corajosamente às unhas de um pterodáctilo em *Um Milhão de Anos Antes de Cristo* (1966), a maior parte do público não esquece, nem por um momento, da técnica impressionante necessária para a ilusão, mas isso não atrapalha o prazer que sentem pelo filme. Até o aumenta.

De modo semelhante, Talos e os esqueletos do sublime *Jasão e os Argonautas* (1963) ainda resistem de forma magnífica, pois o movimento de stop-motion é altamente apropriado para as figuras fantásticas da estátua desajeitadamente pesada e dos esqueletos. Contudo, criaturas como Pégaso e Calibos de *Fúria de Titãs* (1981) não se deram tão bem. Isso porque, a alternância entre *live-action* e seus equivalentes de stop-motion em cenas consecutivas força a ilusão até quase a sua ruptura. O stop-motion e a modelagem ainda são muito impressionantes, mas são comparativamente menos verossímeis quando vistos ao lado de *live-action*. Portanto, é compreensível que a refilmagem de 2010 utilize 3D para produzir as criaturas fantásticas. Contudo, se você pegasse as criaturas de 1981 e as colocasse em um mundo completamente feito de bonecos, elas ainda seriam magníficas. Independentemente de como os avanços na tecnologia da animação possam trazer nuances à percepção desses filmes pelo público moderno, as criações de Ray Harryhausen e companhia continuam sendo feitos maravilhosos e algumas das animações mais influentes e amadas de todos os tempos.

> Foi fascinante trabalhar com Medusa, pois dei a ela um corpo de cobra para que pudesse se arrastar com as mãos, o que lhe conferiu uma aura horripilante. Eu não queria animar vestidos cósmicos. A maioria das Medusas que você vê nos clássicos tem túnicas esvoaçantes que seria loucura tentar animar.
>
> Ray Harryhausen

Jasão e os Argonautas
1963

Fúria de Titãs 1981 (à direita)

animador
Ray Harryhausen

O movimento característico do stop-motion é perfeitamente adequado para lembrar o peso e o tamanho de uma grande estátua de metal desajeitada como Talos (acima). Da mesma forma, o movimento parecido com o de uma cobra de Medusa (à direita) produz um efeito bastante sinistro.

Filmes inteiramente animados

O uso mais visível e enaltecedor do stop--motion se dá em filmes totalmente animados, quando cada acessório, figurino, personagem, peça do cenário é criado numa escala em miniatura. Todos os elementos desses filmes têm a mesma identidade visual. Em filmes totalmente animados, como *$9.99* (2008), a animação pode brilhar sem a concorrência do movimento em *live-action*.

O movimento único e os cenários frequentemente bem estilizados e iluminados complementam-se, funcionando bem em conjunto. De repente, em um contexto apropriado, a animação não parece desajeitada, de segunda categoria ou inferior, mas é vista como algo apropriado e maravilhosamente peculiar. Parece que filmes como esses provavelmente continuarão a ser feitos por um longo tempo, não importa os avanços da tecnologia.

O que as pessoas gostam em relação à animação stop-motion é que ela é real. É como um truque de mágica, pegando coisas reais, cenários reais e fazendo-os ganhar vida com movimento.

Joe Clokey

Hoje, o stop-motion é apreciado por seus próprios e singulares méritos, conforme demonstrou o filme *O Fantástico Sr. Raposo* (2009), de Wes Anderson. Ele aproveitou e explorou todas as idiossincrasias e efeitos em estúdio associados à técnica.

O stop-motion não precisa mais competir com a sofisticação dos computadores e agora pode ter orgulho de ser *low-tech*.

Certamente, alguns anúncios e curtas--metragens excelentes são propositadamente *low-tech*, feitos com pouco mais do que cereais, pequenos brinquedos ou mesmo desenhos com giz em paredes reais. O público gosta de ver e compreender o truque.

$9.99 2008

diretora
Tatia Rosenthal

Cada elemento deste filme detalhado foi criado a partir do zero, possibilitando uma coesão maravilhosa entre personagens, acessórios e cenários.

Cenários do mundo real

Outra técnica muito usada é colocar um elenco de personagens totalmente animados em um cenário do mundo real. Um curta-metragem recente, alegre, criativo e provocante, *I Live in the Woods* (2008), de Max Winston, apresenta a personagem central, um boneco de 30 cm, correndo em estradas rurais, subindo em árvores e interagindo com o ambiente real; nenhum *matte* foi necessário, pois a personagem estava lá, no mesmo espaço. As sombras móveis e a luz instável complementam a já enorme energia do filme. A escala do boneco, no contexto do filme, nunca é um problema. Esse filme remete à série clássica da BBC, de meados dos anos 1960, chamada *The Pogles*, que mostrava a animação de pequenos bonecos correndo em volta de bosques reais. Os produtores da série, Peter Firman e Oliver Postgate, também foram responsáveis por algumas séries de stop-motion incrivelmente bizarras e adoradas, incluindo *The Clangers* (1969–1974) e *Bagpuss* (1974).

The Pogles 1965–1968

animador
Oliver Postgate

Mr. Pogle, da adorada e revolucionária série da BBC com bonecos de stop-motion em locações reais.

I Live in the Woods 2008

animador
Max Winston

Max Winston anima sua personagem em um cenário real, em um filme rudimentar, provocativo e cheio de energia.

No Capítulo 2, veremos como as qualidades particulares e extraordinárias do stop-motion servem perfeitamente para certas histórias e personagens, mas podem parecer inadequadas quando utilizadas em outros contextos.

Também veremos como tirar o máximo dessas qualidades e começar a aproveitar tudo o que o stop-motion pode trazer para um filme, em vez de encobri-lo como um efeito invisível. Por fim, veremos como a natureza física e trabalhosa do stop-motion e seus orçamentos podem afetar a narrativa.

◀

A Christmas Dream 1946

diretor
Karel Zeman

Neste clássico, uma garotinha ganha novos e empolgantes presentes de Natal e joga fora sua velha boneca de pano. Então, o Papai Noel aparece enquanto a garota está dormindo, faz os sonhos dela sobre a antiga boneca ganharem vida e as duas vivem uma aventura juntas. Histórias criativas sobre sonhos se tornando realidade e bonecas ganhando vida são perfeitas para a animação.

Histórias e temas

No início de qualquer projeto, deve haver a vontade de contar uma história, de sugerir uma ideia ou tema ou de mostrar algo a partir de uma nova perspectiva. O modo de contar a história é tão importante quanto a própria história. Contudo, embora a técnica de animação certamente seja interessante, ela sozinha não é garantia de que o público será cativado – você precisa ter algo a dizer.

Complementando a técnica

Existem filmes excelentes cujo objetivo é demonstrar o potencial de uma técnica em particular, mas, normalmente, eles são ótimos porque a narrativa utiliza a técnica, e não a técnica usa a narrativa. Você precisa de uma ideia convincente antes de introduzir o stop-motion, pelo menos para justificar o esforço envolvido.

Você não pode produzir animação sem tomar uma decisão sobre a técnica, a qual afetará cada quadro da história. A técnica de stop-motion inevitavelmente faz parte do filme, mas o filme não deve girar apenas em torno disso. Ela precisa ser a ferramenta mais apropriada para contar uma história em particular, e essa história deve conter elementos que não possam ser concebidos de outro modo.

◀▲

Damaged Goods 2008

animador
Barnaby Barford

Damaged Goods conta uma história de amor dentro do obscuro universo de objetos de porcelana que foram descartados. Seus movimentos limitados dão graça e também sugerem as frustrações das personagens.

Exercício: histórias de vitrine

Dê uma olhada em três objetos aparentemente sem relação entre si em uma vitrine e tente fazer uma história ou estabelecer uma conexão entre eles. Encontre uma personagem que o público gostará, estabeleça relações entre os três objetos e, então, procure o drama dentro do cenário. Imagine o que acontece em seu mundo misterioso quando o público não está olhando. Ou então, pegue dois artigos não relacionados em um jornal e coloque as personagens de um no contexto do outro e veja o que acontece. O stop-motion pode deixar essas histórias mais interessantes?

Regras para contar histórias?

Embora existam truques, dicas, fórmulas e artifícios para fazer as narrativas funcionarem, atualmente não existem regras rígidas para se escrever uma história com animação ou qualquer outro meio – mas nem sempre esse foi o caso. As peças teatrais da Grécia Antiga eram estruturadas de modo a seguir as três unidades esboçadas por Aristóteles (384 a.C. – 322 a.C.). Essas regras estabelecem que há um enredo principal, uma locação e que toda a ação deve ocorrer dentro de 24 horas. Também sugerem que as peças não tenham mais do que duas personagens, e às vezes o coro, no palco ao mesmo tempo. Essas regras deram às peças teatrais um foco invejável, e certamente funcionaram para as esplêndidas peças da Grécia Antiga, até que, por fim, fossem quebradas. Shakespeare, por exemplo, admitiu as regras muito conscientemente e depois as ignorou. Isso fica mais evidente nas falas de abertura de *Henrique V*, que pedem diretamente ao público para imaginar muitas mudanças de local, tempo e aspecto que não poderiam ser apresentadas literalmente. Essa não foi apenas uma solução criativa para restrições de orçamento e recursos limitados; foi uma maneira de desfrutar dos artifícios do meio, em vez de ser literal e funcional.

Dica: as três unidades de Aristóteles

Estas regras teatrais podem ter quase 2.500 anos, mas ainda constituem uma técnica útil para manter o foco.

1 A unidade de ação prescreve que uma peça deve seguir uma ação principal e que enredos secundários devem ser evitados.

2 A unidade espacial diz que a ação deve ocorrer em um único espaço físico e não deve tentar comprimir a geografia. O palco não deve representar mais de um lugar.

3 A unidade temporal diz que, em uma peça, a ação deve ocorrer em não mais de 24 horas.

Harvie Krumpet 2003

diretor
Adam Elliot

Os Krumpets, do tocante filme *Harvie Krumpet*, de Adam Elliot, em que uma história complexa e trágica é muito bem contrastada com a animação deliberadamente simples.

Primeiro, tenha um ideal prático claro e definido: uma meta, um objetivo. Segundo, tenha os meios necessários para atingir seus fins: inteligência, dinheiro, materiais e métodos. Terceiro, ajuste todos os seus meios para esse fim.

Aristóteles

Usando a imaginação

O teatro de Shakespeare era montado de forma a envolver o público, deixando-o usar a imaginação ao partilhar a "magia". Não havia um **proscênio**, que pode gerar um sentimento de "eles e nós", como às vezes acontece em uma tela de cinema. Ele pode dar uma ilusão de indiferença, que se torna uma barreira para o público se conectar à peça.

Da mesma forma, a animação frequentemente funciona melhor quando a ação e as personagens não são apresentadas como representações literais da realidade. Quando fazemos o público se esforçar para interpretar o que vê e ouve, o ajudamos a se envolver no processo e, com isso, a se relacionar com a narrativa e a apreciá-la. Quando o público pode compartilhar e contribuir com esse processo de narrativa, torna-se parte dela.

A animação funciona de forma mais eficaz quando reconhece sua artificialidade e brinca com seus próprios truques e limitações. Isso pode ser visto quando pouco mais do que uma caixa de metal sobre esteiras, em *Wall-E* (2008), é capaz de sugerir fortes emoções ou quando simples traços evocam situações reconhecíveis ou uma massa informe de plastilina cria personagens complexas. Uma boa maneira de testar se sua ideia pode ficar mais divertida com o aspecto pouco realista da animação é fazer a pergunta: "essa história poderia ser melhor contada em *live-action*?" Se a resposta for "sim", então talvez seja hora de reconsiderar. Se a resposta for "não!", então o processo de animação pode realmente dar uma perspectiva nova e atraente para sua história.

Next 1989

animador
Barry Purves

O público é estimulado a usar a imaginação nas produções de Shakespeare; ele está consciente da artificialidade do teatro, mas ainda se envolve na ação.

Proscênio é a parte do palco de um teatro na frente da cortina, que enquadra a ação e oculta a mecânica do funcionamento da produção.

O Estranho Mundo de Jack 1993

diretor
Henry Selick

O filme *O Estranho Mundo de Jack*, de Tim Burton, responde com um sonoro "não!" quando perguntado se poderia ser melhor se feito em *live-action*. Cada escolha do design, cada proporção e movimento excêntrico é muito apropriado para a animação e, especialmente, para o stop-motion.

Abordagem da história

A "regra" mais importante em qualquer forma de narrativa é a de que você deve manter o público interessado em suas personagens e situações. Isso exige o aproveitamento e o completo entendimento do meio em que a história é contada. É possível manter o interesse do público por meio de diversas técnicas, incluindo:

- Andamento rápido
- Ritmos contrastantes e tensão crescente
- Enredos empolgantes, repletos de momentos de **peripeteia** e suspense
- Um mistério que se desenrola ou revelações constantes sobre as personagens
- Uma série cada vez maior de ações espetaculares e efeitos

Qualquer que seja o meio escolhido para conseguir isso, é vital manter o público querendo olhar para a tela, querendo saber o que acontece em seguida. Stop-motion pode ser incluído como um dos elementos que intrigam um público, mas não é um componente da narrativa por si só.

Aproveitando a artificialidade

Seja animação ou filme em *live-action*, quase todo cinema (e a experiência de assisti-lo) é muito artificial. O processo de edição é contrário às leis da natureza; nossas vidas reais não pulam de uma cena para outra e nossos olhos não têm uma função de zoom. Por definição, tudo que é colocado no cenário ou no filme não pode ser realista e, certamente, a ideia de personagens explicitando as tramas e compartilhando suas histórias pregressas, enquanto encenam diante de uma quarta parede invisível ou de uma câmera, é muito falsa. Basicamente, qualquer história contada tem alguma construção – seja teatral, cinematográfica ou mímica, é sempre falsa e usa um monte de truques para manter o público interessado e em suspense. Ao mesmo tempo, ela mantém algum tipo de credibilidade. Histórias não são realistas. São versões intensificadas da realidade, usando elementos escolhidos, reorganizados para provocar o máximo impacto, e eliminando os trechos que não têm relevância.

A animação se sobressai nisso, sendo um meio em que tudo é falso e precisa ser criado a partir do zero. Seria um desperdício não explorar essa artificialidade.

Peripeteia é uma inversão ou mudança repentina nas circunstâncias, especialmente em referência à narrativa fictícia.

Life's a Zoo 2008

animador
Cuppa Coffee Studios

Vemos aqui alguns animais se comportando mal. Usar bonecos, especialmente aqueles que representam personagens não humanas, permite aos narradores dizer e fazer o que as pessoas não dariam conta de fazer. Essa é uma das ferramentas mais antigas da narrativa – e ainda é imensamente eficiente.

Histórias animadas

Os melhores filmes animados frequentemente são aqueles que aproveitam bem suas peculiaridades. Como animadores, temos a liberdade de explorar todos os elementos da narrativa, do design, do movimento e da personagem para manter o espectador interessado. Essa liberdade poderia ser desperdiçada em representações fiéis da realidade, mas histórias de mundos místicos, criaturas fantásticas, perspectivas distorcidas e inovação estilística são bem-sucedidas na animação.

A animação é uma forma de arte e, como tal, muitos filmes preferem se concentrar em uma ideia ou técnica visual, e não em uma narrativa. De fato, inúmeros filmes famosos são pouco mais do que uma sucessão de cores ou formas, algumas rabiscadas diretamente na película – como o brilhante *Linear Dreams* (1997), de Richard Reeves. Outros se concentram na textura do desenho enquanto ele é feito – e quem disse que isso não pode ser interessante?

Mas se você estiver tentando desenvolver uma narrativa em seu filme, seria uma lástima não usufruir dos truques desse meio. Isso não significa necessariamente encher sua história de zumbis, robôs, dinossauros ou animais falantes, mas, sim, encontrar uma realidade fluida ou uma perspectiva alterada para sua história. Certamente, é útil ter uma personagem central vigorosa, com quem o espectador possa se identificar e para quem aconteçam coisas extraordinárias, ou que se encontre em conflito com um mundo invertido ou supere obstáculos. *Alice no País das Maravilhas* (1865), de Lewis Carroll, é muito atraente para os animadores, pois incorpora todas essas características. O País das Maravilhas oferece à jovem Alice um aspecto de sua vida visto sob uma nova perspectiva, cheia de adultos se comportando de forma muito estranha. Como acontece na maioria das fantasias, há uma lógica deformada – depois de ter visto gatos sem sorrisos, de certa maneira faz sentido ver um sorriso sem gato. Esse tipo de pensamento é perfeito para a animação. Alice tem um clima de uma "tarde de domingo" cheia de pensamentos sobre curiosidades da vida, mas imagine como alguns elementos preferidos da dramaturgia – o tique-taque de um relógio e algo importante em perigo – poderiam ter transformado *Alice* em uma aventura mais tensa e empolgante. Sua história tem mudança de perspectiva e tensão? Se não tiver, talvez valha a pena explorar isso.

▶

Alice no País das Maravilhas 1950

animador
Lou Benin

Alice no País das Maravilhas, com sua lógica deformada, é muito querida pelos animadores. Além do filme de 1950 mostrado aqui e, é claro, a versão de 1951 da Disney, existe uma adaptação verdadeiramente extraordinária, de 1988, feita por Jan Švankmajer.

Uma mudança de perspectiva

Uma mudança de perspectiva normalmente é esclarecedora, conforme personagens como o Scrooge, de Charles Dickens, penosamente perceberam. Por isso, ela sempre é uma boa forma de se começar uma história. Essa mudança pode ser dramatizada por meio de um conflito entre dois mundos, como em *A Noiva Cadáver* (2005). Em uma bela mudança repentina, *Encantada* (2007) usou uma perspectiva em *live-action* para mostrar às personagens animadas o que estavam perdendo em seu mundo. Escritores e dramaturgos usam essa mudança como um artifício para proporcionar às personagens auto-observação ou uma visão mais clara de outro universo. A maior parte dessas histórias começa estabelecendo uma situação confortável que, então, é complicada ou alterada por meio de ameaças, indagações, segredos, revelações, ambição, oposições, privações e façanhas. Isso é resolvido depois de algum tipo de jornada e confronto. Quanto mais obstáculos há a serem superados pela personagem principal, mais rica é a conclusão.

Em mundos de fantasia, as personagens principais veem o que é familiar sob uma luz nova e diferente. Filmes recentes, como *Madame Tutli-Putli* (2007) e *Coraline e o Mundo Secreto* (2009), onde a realidade da história é muito fluida, servem perfeitamente para o stop-motion. Particularmente, *Coraline e o Mundo Secreto* tem um universo perturbador de "outros" – uma variação muito deformada da família da heroína. A grande fisicalidade dos bonecos e dos cenários dá credibilidade à fantasia. A animação 2D e 3D não têm limites e tudo é possível, mas o stop-motion é fundamentado em sua fisicalidade, e a fantasia se torna mais intensa quando supera essas limitações.

▲

Coraline e o Mundo Secreto 2009

diretor
Henry Selick

Assim como Alice, de Lewis Carroll, cai na toca de um coelho ou passa por um espelho, Coraline se aventura por uma abertura secreta para descobrir uma variação muito diferente de seu mundo. Essa abertura secreta também poderia estar em um armário ou em qualquer outro lugar, entre dezenas de dispositivos igualmente eficazes.

Fábula é uma história curta, normalmente com animais como personagens, que transmite uma moral. Também pode ser uma história sobrenatural incorporando elementos de mito e lenda.

Alegoria é uma história, poema ou ilustração que pode ser interpretada para revelar um significado oculto, normalmente moral ou político.

Fantasia, fábula e alegoria

Um filme sobre um robô abandonado em um planeta, catando lixo, certamente fala sobre os problemas com que tal robô se depara, mas, em sua essência, *Wall-E* (2008) é muito mais uma história sobre a condição humana, a solidão e a necessidade de uma companhia. Um peixe talvez não fale de relacionamentos entre pai e filho claramente, mas *Procurando Nemo* (2003) certamente foi mais sobre isso do que sobre a vida marinha. Da mesma forma, *Pinóquio* (1940) fala menos sobre o funcionamento interno de uma marionete do que sobre o dilema que todos nós enfrentamos: o de deixar para trás nossa infância e encarar as responsabilidades emocionais à medida em que crescemos.

Até certo ponto, colocar lições de vida bem observadas nas vozes de animais, robôs ou carros pode ser visto como usar "uma colher de açúcar para ajudar o remédio a descer", mas é também sobre usar fantasia, **fábula** e **alegoria** para mostrar a realidade direta e seletivamente.

Muitas vezes, uma metáfora visual é mais forte e mais atraente do que a realidade dura e fria; algo que Esopo, Hans Andersen e outros autores sabiam muito bem. Imagine como teria sido menos interessante se George Orwell não tivesse colocado sua política na boca de porcos em *A Revolução dos Bichos*, ou se as quatro crianças Pevensie não tivessem passado pelo guarda-roupa para irem à terra de Narnia, mas, sim, tivessem contado a história de Cristo diretamente. Essas metáforas também eliminam a confusão associada a personagens humanas, mais realistas e complexas, enquanto também oferecem aos narradores de histórias a oportunidade de fazer comparações inteligentes. A maior parte das fábulas e contos de fadas tem animais em posições importantes. Na verdade, a maioria tem pouco a ver com animais, mas os utilizam para dizer algo importante sobre a condição humana.

Exercício: fora deste mundo

Pegar uma personagem de um mundo e transportá-la para uma realidade alterada é um truque muito utilizado por autores e animadores. Faça uma lista com suas cinco histórias preferidas (por exemplo, *O Mágico de Oz* ou *Fronteiras do Universo*, de Philip Pullman) e pense em como você poderia fazer a mudança entre realidades visual ou sonoramente. Considere o salto repentino para o magnífico Technicolor quando Dorothy chega a Oz ou para os olhos de botão dos "outros pais" de Coraline.

Como você obteria o mesmo efeito?

Escapando impune

Outro motivo para contar sua história por meio de animação ou titeragem é que, às vezes, isso permite que você diga coisas que uma pessoa real não poderia dizer. Os bonecos têm uma longa tradição de atacar verbalmente grandes instituições ou figuras públicas e não sofrer punição. Quem quer ser visto como alguém que se ofende com o que é dito por um boneco? Séries de televisão animadas, como *Rick and Steve – The Happiest Gay Couple*, *Life's a Zoo*, *Spitting Image* e, mais recentemente, *Headcases*, têm se dedicado ao comportamento bastante ofensivo que atores vivos não poderiam transmitir ou que poderiam ter repercussões para eles próprios. Contudo, além do comportamento excêntrico, sempre deve haver um elemento de realidade reconhecível. Ocultando-se atrás de bonecos animados, o animador pode se soltar mais e, em última análise, ser mais honesto e observador. Dê uma olhada no poético, mas poderoso, *The Hand* (1965), de Jirí Trnka, e em *Death of Stalinism in Bohemia* (1990), de Jan Švankmajer, para ver exemplos de metáforas políticas poderosas.

Então, se você encontrasse uma história sobre relações ou preocupações humanas, ela seria liberada se contada usando animais, formigas ou robôs? Ela é polêmica demais para ter personagens humanas atuando? Você encontrou um ponto de vista, uma perspectiva, uma estratégia de distanciamento que permitirá à sua história ser verdadeira?

É preciso haver um motivo para usar animação que não seja a satisfação de ser diretamente responsável por dar vida às coisas ou criar ambientes incomuns. A animação precisa acrescentar algo ao seu filme que o *live-action* e alguns efeitos especiais não consigam e, com muita frequência, esse "algo diferente" envolve uma mudança de perspectiva.

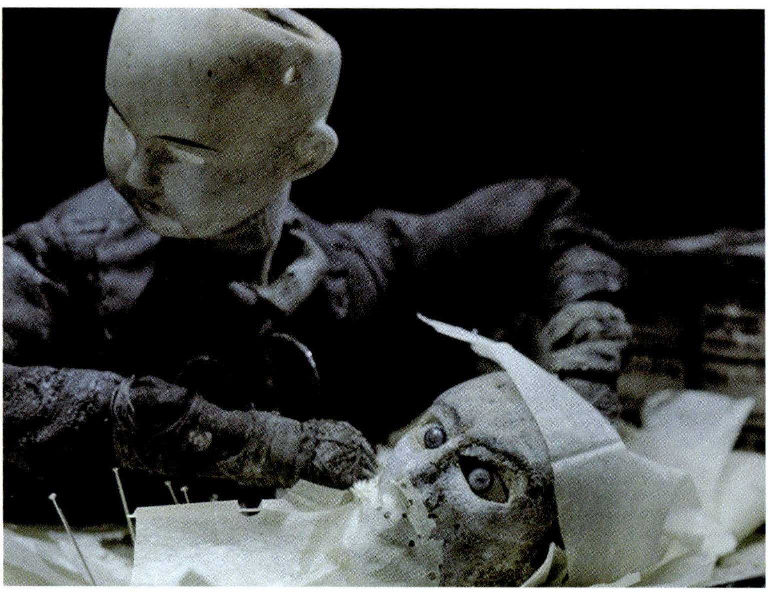

A Revolução dos Bichos 1954

diretores
Halas e Batchelor

O maravilhoso *A Revolução dos Bichos*, de Halas e Batchelor; o antropomorfismo em sua máxima didática e assimilação.

Street of Crocodiles 1986

diretores
The Brothers Quay

A partir de bonecas quebradas e objetos abandonados, os irmãos Stephen e Timothy Quay produzem filmes perturbadores, diferentes de tudo, frequentemente sobre personagens humilhadas, abandonadas e ameaçadas, onde até o menor objeto desprezado ecoa inquietações.

The Brothers Quay

Animadores como os irmãos Quay não apenas oferecem uma mudança de perspectiva como inventam a sua própria. Seus mundos são totalmente únicos e têm pouca relação com o nosso. Seus personagens muitas vezes parecem habitar um mundo à parte, feito de coisas que descartamos ou de eventos aos quais normalmente damos as costas. O mundo deles é muito apropriado para stop-motion, contando com objetos quebrados (frequentemente bonecas) e texturas, materiais muito reais imbuídos de algum propósito, todos usufruindo do movimento peculiar dessa técnica de animação. Objetos simples do cotidiano, como um pente, assumem um enorme significado. Essa é uma de suas forças; eles conseguem até mesmo acrescentar tensão dramática a um parafuso sendo apertado em um pedaço de madeira. Por que tais objetos não podem ter suas próprias histórias, significados e pesadelos?

Pela boca de... guarda-chuvas falantes?

Uma cena curta de *Mary Poppins* (1964), da Disney, resume perfeitamente o objetivo da animação, embora, ironicamente, seja uma cena em *live-action*. Mary está a ponto de deixar a família que reconciliou; ela está um pouco chorosa e concorda educadamente com seu guarda-chuva de papagaio falante que, talvez, a família pudesse ter sido mais agradecida. O papagaio está para começar uma crítica franca contra a família, mas Mary serenamente fecha sua boca – ela não precisa ouvir uma verdade que já conhece, mas não pode expressar. Será que o objetivo real da animação não é dizer coisas ou enfatizar ideias que não podem ser expressas em nosso cotidiano?

Personagens secundárias

Como sempre, Shakespeare foi o primeiro a usar o expediente da "história dentro de uma história", em *Hamlet*. Hamlet monta uma peça que alude enfaticamente a um assassinato. Essa cena tem apenas uma vaga semelhança com as circunstâncias da morte do rei, mas o fato essencial está lá claramente, para que o assassino Claudius se confronte com ele. Assim como no caso do papagaio de Mary Poppins, frequentemente o drama precisa de um artifício ou personagem, muitas vezes bastante peculiar, que permita à personagem principal exteriorizar seus pensamentos. Na animação, o Grilo Falante de *Pinóquio* (1940) é um exemplo característico e, no extremo oposto, há um filme esplendidamente irreverente, *Marquis* (1989), no qual atores usam máscaras de animais, e o Marquês de Sade, preso na Bastilha, tem um pênis falante **animatrônico**, que atua como sua consciência. Da mesma forma, a excelente peça *Meu Amigo Harvey* dá à personagem principal não apenas o álcool como um meio para expressar a verdade, mas também um coelho invisível de dois metros de altura para conversar. Uma sugestão de desequilíbrio mental possibilita uma condição favorável para falar o que normalmente não é falado. Também, a persona do super-herói normalmente é mais honesta do que o cidadão reprimido, assim como Mr. Hyde era a personalidade real escondida no Dr. Jekyll. Existem muitas maneiras de mudar a perspectiva para ver a realidade.

Personagens secundárias costumam ser aquelas de menor importância, que obedecem às intenções ou aos desígnios de uma personagem dominante.

Animatrônica é a técnica de fazer e operar personagens por meio de várias alavancas e cabos ocultos, atuando em tempo real como se estivessem vivos (veja a página 93), e que podem interagir com atores em *live-action*.

Mary Poppins 1964

diretor
Robert Stevenson

Mary Poppins e seu guarda--chuva observador, dizendo todas as coisas que ela mesma não pode dizer. A forasteira misteriosa que visita uma família e que renova a forma como esta se vê é um excelente artifício narrativo, e pode ser visto em clássicos como *O Quebra-nozes* e *Peter Pan*.

Falando honestamente

A personagem principal de seu filme tem um jeito atraente e natural de revelar seus pensamentos interiores, em vez de apenas ficar dizendo o que sente? Tente estruturar sua história de modo que ela contenha um artifício que permita às personagens verem seus dilemas claramente ou expressarem seus pensamentos honestamente. Pode ser qualquer coisa, desde uma mudança de técnica ou convenção narrativa até um companheiro imaginário. Além disso, para nós, como narradores, é tão mais fácil falar honestamente por meio de terceiros ou por trás de uma máscara, e a animação (particularmente seus bonecos) cumpre maravilhosamente o papel de uma outra pessoa.

Balance 1989

diretores
Christoph e
Wolfgang Lauenstein

Um filme que encontra uma metáfora visual sucinta para um dilema muito humano. Aqui, as personagens se encontram em uma laje suspensa e sua existência depende de colaboração e confiança. A animação é particularmente conveniente para essas metáforas.

Para assistir

Balance (1989) é um exemplo fantástico da força da metáfora na animação. Ele registra a situação de cinco personagens que moram em uma laje flutuante no meio do vazio. Todos se movem em sincronia para manter a plataforma equilibrada. Contudo, essa harmonia é interrompida quando uma personagem arrasta para a plataforma uma caixa que todos querem investigar. Os movimentos resultantes desequilibram a plataforma e quase todas as personagens, menos uma, são empurradas ou caem no espaço. A última personagem fica equilibrada de forma precária, com a caixa fora de alcance.

Não precisamos saber quem são as personagens nem como chegaram lá, sem falar em como a grande laje está suspensa – mas a imagem é uma ótima metáfora da desconfiança e da cooperação. Alguns escritores poderiam escrever vários livros para expressar a inutilidade e a frustração experimentadas em poucos minutos por essas personagens. Uma imagem vale mais do que mil palavras.

Atmosfera e conteúdo

Muitas vezes, os filmes animados são descritos como tendo características de sonhos ou pesadelos. Esse efeito pode ser o resultado da mistura de acontecimentos familiares com contextos surreais, em que preocupações e eventos desconexos começam a ter ligações assustadoras ou alegres e onde tudo pode acontecer, literalmente. Além do onirismo que sugerem, as sequências de sonhos estruturaram partes de filmes de stop-motion mais antigos, como *Dream of a Rarebit Fiend* (1906), de Edwin Porter, e os filmes de Georges Méliès. Elas permitem que a narrativa mostre animação, efeitos especiais e outros truques.

Sonhos e pesadelos

Os sonhos são uma convenção amada pelos escritores e dramaturgos, pois permitem que a informação seja transmitida ao público, ou ainda que sejam reveladas as divagações de uma personagem, suas esperanças ou sua vida pregressa. Esse artifício se tornou tão popular que agora é visto como uma opção cômoda e conveniente demais. Por isso, os cenários de sonhos funcionam melhor quando a protagonista não sabe que está sonhando ou quando há um componente de dúvida quanto ao que é e o que não é real. Existem muitos filmes baseados na ideia de um sonho, mas, normalmente, são pouco mais do que uma justificativa para uma série de imagens criativas. No mundo real, até o mais trivial dos sonhos começa com algum pensamento ou tema; eles jogam uma nova luz em assuntos conhecidos. Então, uma narrativa de sonho funciona melhor quando tem certa lógica, embora alterada, e alguma perspectiva, em vez de ser a justificativa para alguns visuais impressionantes e desconexos.

Skhizein 2008

diretor
Jérémy Clapin para
Dark Prince

O inquieto e melancólico *Skhizein*; o tema do estado mental transtornado é representado metaforicamente por imagens, já que a personagem vive literalmente "fora de si" (a alguns centímetros do próprio corpo) por efeito do contato com um meteorito. Ele se torna mais perturbador graças à sua sensível e bela direção de arte.

Exercício: sonhos

Dê uma olhada em como sonhos têm sido usados em filmes, em peças teatrais e na literatura e veja se você se sente enganado pelo fato de que tudo era sonho ou se algum elemento da personagem ou da trama foi esclarecido. Tente lembrar-se de um de seus sonhos recentes e estruture-o em um breve enredo que diga algo sobre sua própria experiência ou emoções desse dia, fazendo o máximo para mudar de perspectiva. Você enxerga o sonho como uma exposição de seus medos ou esperanças? O sonho está dizendo algo que você não pode dizer?

Não apenas para crianças

A ideia de desenhos animados ou bonecos lidarem com temas muito sérios e adultos ou assuntos documentais pode parecer estranha inicialmente, pois estamos condicionados a pensar na animação como algo feito para crianças. Contudo, observando-se a história da animação, percebe-se que quase todos os assuntos e gêneros têm sido abordados.

Às vezes, os truques evidentes da animação atrapalham, e você pode assistir à esplendorosa animação sem ligá-la ao assunto. Em outras ocasiões, a animação pode ser entendida como algo que banaliza um assunto importante. Contudo, uma das forças da animação, sua natureza alegórica, é permitir que vejamos as coisas isentas de estereótipos, sem interferências e limitações. A instituição de caridade Leonard Cheshire Disability e a Aardman Animations criaram uma série de comerciais chamados *Creature Discomforts*, que apresentam animais modelados no conhecido estilo de *Creature Comforts*, mas cada um dos quais tendo deficiências físicas e/ou sensoriais. Ela funciona não pelo fato de utilizar animação humorística para suavizar um assunto difícil, deslocando-o da realidade, mas pelo fato de desafiar nossas percepções da deficiência a partir de uma perspectiva visual acessível e inovadora. A Leonard Cheshire Disability trabalhou em colaboração direta com a Aardman, tanto nas entrevistas de áudio com pessoas portadoras de necessidades especiais como nas personagens, para garantir que as representações das necessidades fossem exatas.

O trabalho valeu a pena, pois a escolha do processo de animação permitiu evidenciar os aspectos metafóricos das histórias das personagens, ajudando o público a se relacionar com eles em um nível mais direto.

Da mesma forma, existem pelo menos três versões animadas de *O Diário de Anne Frank*, todas tecnicamente excelentes e sensíveis. Sendo a história baseada em uma tragédia real, elas são experiências desconfortáveis. Isso pode ser porque as abordagens literais da animação parecem inadequadas para transmitir emoções tão complexas. É difícil até começar a conceber uma versão de boneco de Anne Frank, embora devamos evitar a ideia de que existem alguns assuntos que precisamos evitar. Mas, se você for lidar com um assunto tão delicado quanto esse, certifique-se de utilizar a abordagem mais adequada. Esses temas sérios frequentemente funcionam melhor quando tratados por meio de metáfora e estilização pesada.

Creature Discomforts 2008

animador
Aardman

Alegorias podem funcionar tão bem em assuntos sérios como nos triviais. E um boneco – especialmente por seu parentesco com a escultura, os retratos, as bonecas, as múmias e coisas assim – é um objeto que já incorpora o potencial de alegoria. O stop-motion pode tirar proveito disso.

Leonard
Cheshire
Disability

Leonard
Cheshire
Disability

Leonard
Cheshire
Disability

Aspectos econômicos

Ao desenvolver sua história, é importante considerar a logística que ela exigirá. Devido aos aspectos econômicos do stop-motion e da construção de bonecos, raramente é prático estruturar um roteiro em torno de dezenas de personagens que só aparecem brevemente na tela. Uma vez que você tenha superado todos os problemas da construção de um boneco, também poderá tirar o máximo dele. Ele existe e esse é um dos maiores gastos a serem feitos. Se você tem um boneco, faz pouca diferença (a não ser pelo desgaste geral) se a personagem precisa encenar um curta ou um longa-metragem. Isso está em forte oposição a um filme 2D ou em massinha, em que a personagem precisa ser redesenhada e remodelada para cada cena.

Dá tanto trabalho e despesa fazer os bonecos que é melhor se concentrar em poucas personagens. É claro que isso restringe a narrativa e, talvez, você precise ser criativo para encontrar maneiras de transmitir o que, de outro modo, poderia ser comunicado por personagens casuais ou multidões. Os especiais de meia hora de Wallace e Gromit, por exemplo, têm poucas personagens secundárias, mas com uma narrativa inteligente e relacionamentos fortes, o mundo de West Wallaby Street não parece pouco habitado.

Multidões

Para filmes 3D existe uma série de programas que transformam alguns poucos personagens em enormes multidões, cada um com aparência e comportamento próprios. Isso é muito diferente no stop-motion, em que representar dezenas de personagens diferentes seria inviável, além de tremendamente duvidoso.

Entretanto, cenas com multidão não são impossíveis com stop-motion. Existem vários truques ópticos e de encenação para ajudar, mas na filmagem de uma cena de multidão, você vai obter apenas alguns segundos de sequência de animação por dia. Certa vez, filmei um comercial envolvendo 32 biscoitos, ricamente vestidos, dançando a *Valsa do Imperador*, de Strauss, em um salão de baile. Graças a um espelho bem posicionado e alguma coreografia tortuosa, consegui aumentar esse número consideravelmente – um truque utilizado muito antes nos filmes de Starewicz. Evidentemente, hoje a computação gráfica e as telas azuis ajudariam.

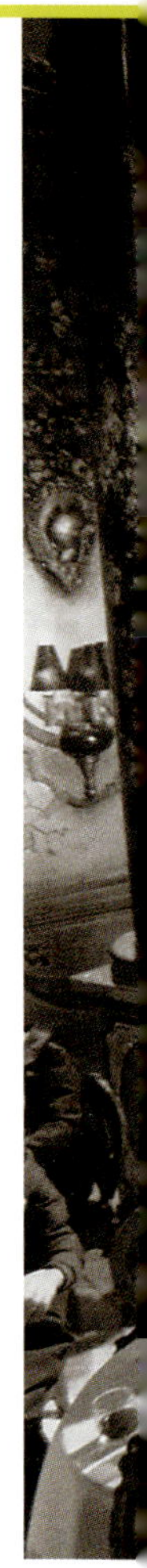

Babylon 1986

diretores
Peter Lord e
David Sproxton

Still de um dos primeiros filmes da Aardman, *Babylon*, apresentando dezenas de personagens primorosamente vestidos. Felizmente, a maioria deles estava sentada. Um verdadeiro épico.

Quando menos é mais

Um filme de stop-motion cheio de personagens caminhando e correndo será muito mais complexo e demorado de filmar do que um filme cheio de cabeças falantes. Portanto, quando estiver planejando seu filme, pense no que precisa realmente mostrar na tela e no que pode simplesmente insinuar. Um belo filme, *Gargoyle* (2008), de Michael Cusack, consegue contar uma história de assombração com apenas duas personagens. É gratificante passar tanto tempo com personagens tão primorosas.

Meus filmes têm se concentrado em apenas algumas personagens, e todos os bonecos necessários para criar multidões e personagens secundárias são menos sofisticados. Outra tática é dar aos seus "extras" elementos permutáveis, aproveitando-os melhor. Por exemplo, os cortesãos em uma cena inicial de *Rigoletto* (1993) reapareciam, pouco tempo depois, vestidos e sujos como mendigos.

O nível de expressão exigido por sua personagem e o quanto o sincronismo labial precisa ser literal aumentam o custo de seu boneco. Se você estiver contente com um movimento limitado no rosto, isso representará uma economia considerável, mas colocará mais pressão na linguagem corporal. Isso, por sua vez, afeta a narrativa. É fundamental ter em mente uma ideia clara sobre como a narrativa será contada antes de projetar as personagens. Se o filme é contado principalmente em tomadas de cena amplas, mecanismos faciais caros seriam desnecessários. Se a personagem está confinada a uma cadeira, ela precisa realmente de pernas articuladas? Se você está pensando que, em algum ponto, ela poderia andar, então se certifique de tomar essa decisão durante o estágio de pré-produção da narrativa. Essa é uma maneira estranha de orçar filmes, mas certas atividades e gestos são mais caros do que outros, e isso deve ser levado em conta.

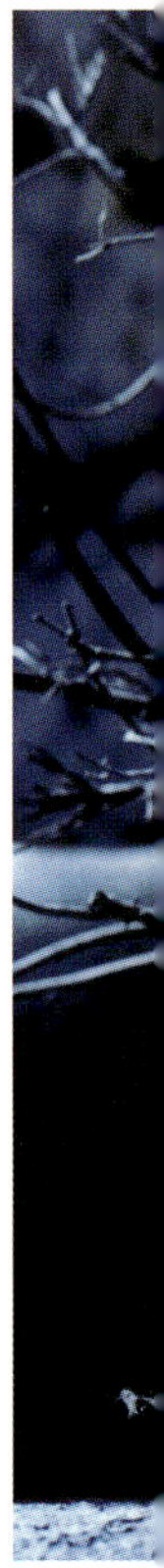

Exercício: essenciais

Pegue uma história, filme ou peça teatral conhecida, veja até que ponto você pode reduzir o número de personagens e locações e encontre artifícios que possam contar o enredo e dar informações que originalmente ficavam a cargo das personagens. Você pode transformar essa redução em algo criativo. Novamente, a questão é não ser literal. A maioria das animações conta as maiores histórias apenas com os elementos mais essenciais.

Gargoyle 2008

animador
Michael Cusack

Enfocar apenas algumas personagens nunca prejudicará a narrativa. Este é o elenco completo do filme *Gargoyle*, de Michael Cusack.

Fique longe da água

Certamente, pode-se fazer muitas coisas com a animação, mas você vai arranjar problemas desnecessários se fizer um filme no qual a maioria das personagens de stop-motion passa o tempo nadando ou voando. As meras questões práticas envolvendo isso – mesmo que constituam um desafio excitante e possivelmente recompensador – certamente levariam um produtor a considerar outras técnicas. A necessidade de muita água na trama levou o filme *Por Água Abaixo* (2006), da Aardman, a ser produzido com animação 3D. Sabe-se que isso não trouxe resultados satisfatórios, já que suas personagens perderam o que as tornava tão cativantes. Um filme como *Procurando Nemo* (2003) teria sido extraordinariamente difícil com stop-motion – especialmente a medusa translúcida. Por outro lado, um filme como *Carros* (2006) poderia ter funcionado bem com stop-motion, dependendo do quanto os carros fossem flexíveis, embora fosse difícil capturar a essência da velocidade sem a desfocagem.

A questão é que, ao abordar uma história, você deve considerar os aspectos técnicos e práticos de seus bonecos. Fofo, flutuante, esfumaçado, nebuloso, transparente, úmido – tudo isso seria causa de sofrimento, se tratado com stop-motion. Nada disso é impossível, mas é melhor explorar a materialidade inegável que os bonecos têm. Essa é sua força; faça uso dela.

▲

There There 2003

diretor

Chris Hopewell

Este videoclipe da música *There There*, do Radiohead, feito por Chris Hopewell, da Collision Films, apresenta uma grande quantidade de personagens de stop-motion mesclados ao *live-action*, e foi filmado com um orçamento apertado. Uma proeza.

Pelos

Animação e animais andam de mãos, ou patas, dadas. Mas se você está usando stop-motion para uma história com personagens peludas, é melhor estar preparado para aceitar certa quantidade de achatamento (uma alteração dos pelos causada pelo constante toque do animador nos bonecos), embora isso não tenha prejudicado o King Kong. A única alternativa para evitar esse problema é investir muito – em um trabalho tão dispendioso quanto engenhoso – no processo de manufatura dos modelos. Os bonecos de *O Fantástico Sr. Raposo* (2009) têm pelos, mas foram projetados de forma a reduzir o achatamento ao mínimo. Às vezes, a pelagem dos bonecos é confeccionada com um revestimento de látex ou silicone mesclado a alguns fios de cabelo, para contornar o problema. Outra estratégia é estilizar o pelo ao extremo. Não há como fugir do fato de que os bonecos são tocados e, com texturas como pelos e tecidos, isso pode ser um problema. O mesmo vale para cabelos longos; desenhados em uma personagem no estágio de projeto, podem parecer belos, mas o aspecto prático é outra questão. Se você não animá-los, parecerão artificiais e sem vida. Se animá-los, um tempo enorme será gasto apenas com os cabelos. Você pode criar um projeto igualmente interessante sem os cabelos longos? Como sempre, trata-se de um equilíbrio entre criatividade e prática.

É importante pensar com cuidado sobre o que exatamente será exigido dos bonecos. Por exemplo, as personagens peludas de *Monstros S.A.* (2001), especialmente Sully, teriam sido impossíveis com stop-motion, e suspeito que esse tenha sido um desafio que instigou os animadores 3D.

Basicamente, na produção de filmes, os aspectos práticos e econômicos não podem ser separados da narrativa, especialmente com stop-motion, onde tudo precisa ser construído e há menos oportunidades de reaproveitar o material.

Dica: intimidade *versus* visões panorâmicas

O stop-motion, com seus dispositivos de *table-top*, é capaz de sugerir uma atmosfera intimista por meio do uso de *close-ups* e planos médios. Contudo, muitas vezes, baixos orçamentos podem inviabilizar o uso de panorâmicas e planos abertos, pois eles tradicionalmente demandam muito espaço e recursos consideráveis. Às vezes, como quando dirigi *Hamilton, o Papa Formigas* (2001), alguns truques teatrais clássicos de falsa perspectiva criaram a ilusão de espaço e escala. Hoje, a maioria dos estúdios de stop-motion é complementada por 3D e tela azul, possibilitando mais flexibilidade.

No Capítulo 3, descobriremos quais qualidades que um boneco pode trazer para um filme que atores, desenhos e imagens 3D não podem. Veremos por que os bonecos de stop-motion têm um elemento extra de vida e espontaneidade e veremos também como tirar o máximo proveito de um boneco em termos de design. Em particular, vamos nos concentrar em como explorar os traços de um boneco, como os olhos e as mãos, que são mais expressivos, e como torná-lo o mais fácil de animar possível.

Por fim, discutiremos outras técnicas que envolvem tocar e manipular os objetos diante da câmera para contar uma história. Essas técnicas demonstram claramente que um boneco complexo nem sempre é necessário para se contar uma história emocionante.

◀

Rigoletto 1993

animador
Barry Purves

Meu boneco *Rigoletto*, feito pela Mackinnon and Saunders, é um ótimo exemplo de rosto muito expressivo. Mackinnon and Saunders são fabricantes, escultores e artistas de bonecos para stop-motion, sediados na Inglaterra. Suas personagens têm facilitado a vida de muitos animadores – sabendo que o boneco funcionará, o animador pode se concentrar na animação.

Contando a história com bonecos

Os bonecos, em toda a sua variedade de formas, não chegam nem perto de reproduzir com precisão o movimento complexo e multifacetado, idiossincrático e aleatório do *live-action*. Também não podem ter a fluidez precisa do 3D ou a liberdade da animação 2D – nem devem. Conforme já vimos, eles têm suas próprias características muito peculiares; eles existem, e seu desempenho está intrinsecamente ligado à forma como são operados. Têm credibilidade, uma presença tangível da qual mesmo o observador mais despreocupado e desligado está ciente. Essa é uma das principais motivações para se contar uma história animada com bonecos e objetos.

O fato de que grandes emoções, drama, tensão e humor podem ser todos transmitidos por meio do que são claramente pedaços de metal, madeira, tecido, silicone e massinha, faz parte do encanto dos bonecos e do stop-motion. Eles são convincentes porque existem como parte de um mundo físico. O efeito não é realista, mas a fisicalidade dos bonecos dá credibilidade às suas ações e uma ligação imediata com o público. Como o espectador pode ver os bonecos existirem em um espaço real, reagir às luzes, ao foco, à gravidade e uns aos outros, sua atuação fica mais verossímil.

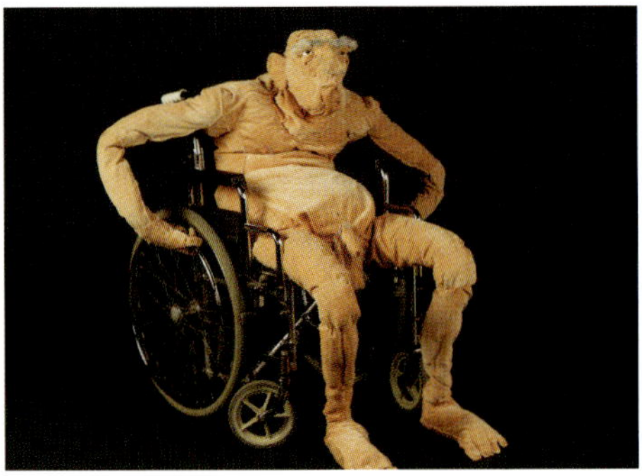

Bonecos simples

Bonecos complexos não são essenciais para se contar uma história, e muitos animadores preferem tirar o máximo de suas narrativas com materiais muito simples. Às vezes, os animadores não usam bonecos, mas apenas objetos ou materiais como areia e sal – e quando isso funciona, os resultados podem ser maravilhosos. Criar imagens e movimentos belos e vibrantes a partir de algo tão simples quanto a areia exige técnica, criatividade e boa compreensão de luz, movimento, sombra e textura. Também exige uma estratégia igualmente criativa para contar a história. Extrair o máximo de tão pouco é extremamente satisfatório.

Pode parecer uma vantagem trabalhar com personagens figurativos como os bonecos, mas ainda assim o boneco precisa ser projetado de forma a maximizar seu potencial de expressão. Alguns são tão elaborados que movimentá-los constantemente pode se tornar contraproducente, e o que está sendo expresso pode ser facilmente perdido. Às vezes, esses bonecos demasiadamente complexos se recusam a ganhar vida. Por outro lado, existem bonecos que são pouco mais do que um bloco de madeira, mas uma inclinação ou atitude oportuna sugere um cenário imediatamente identificável. O segredo está em aproveitar o que o boneco tem a oferecer, fazer tudo ser levado em conta e ter apenas o que for necessário. Essas são algumas das forças do stop-motion.

◀

Variedade infinita

Quatro tipos muito diferentes de bonecos, cujas técnicas afetam diretamente o modo como eles se movem e o que é possível na narrativa. De cima para baixo, vemos: as marionetes complexas de Ronnie Burkett; os criativos bonecos ultravioleta da Purves Puppets; uma personagem de *Lo Guarracino* (2004), de Michelangelo Fornaro; e a personagem Rex, em tamanho natural, de *Reg's Revenge*, de Nat Miller. O que por um método seria fácil, por outro seria impossível.

▲

All my Relations 1990

animadora
Joanna Priestley

Esta imagem foi criada com ração para cachorro, dentre outros materiais, e demonstra que bonecos caros e complexos nem sempre são necessários.

O boneco físico

A realidade inevitável sobre qualquer boneco de stop-motion ou objeto animado é que o animador terá de tocá-lo a cada quadro. Para muitos animadores, esse é um dos aspectos mais interessantes do processo. Para manter as poses necessárias, um boneco normalmente exige um esqueleto interno bastante durável, que também possa ser facilmente controlado. Ao projetar um boneco, você deve pensar em como e onde ele será manipulado.

Normalmente, a animação exige o uso das duas mãos; o mais provável é que a mão esquerda estabilize e segure o boneco firmemente, enquanto a mão direita, atuando como uma alavanca, mova os elementos necessários para o quadro, sem perturbar mais nada. Todo boneco precisa de um lugar maciço onde possa ser segurado firmemente; em bonecos figurativos, esse lugar normalmente é na área do tórax. Um bloco de madeira balsa ou uma estrutura sólida no tórax é ideal. Se usasse algo como espuma, ela poderia ser comprimida quando você segurasse o boneco e poderia não voltar ao normal, causando uma contração indesejada. Do mesmo modo, figurinos muito detalhados e cheios de adereços, colocados onde você segurará o boneco, só irão atrapalhar.

A Noiva Cadáver 2005

diretores
Tim Burton e
Mike Johnson

Mike Johnson posando com as personagens principais de *A Noiva Cadáver*. O véu da noiva tinha fios finos costurados à renda para que a animação parecesse fluida, mas ainda assim, houve algumas cenas em que o véu foi gerado por computador.

Armaduras

O material usado para construir os esqueletos e armaduras dentro do boneco dependerá muito do orçamento disponível. Uma opção barata é fazer o esqueleto com um fio de alumínio simples. Infelizmente, ele tem durabilidade muito limitada, pois, quando curvado, não pode ser endireitado novamente. Além disso, quando você dobra o fio no formato desejado, ele pode curvar em outros lugares, causando todos os tipos de problemas de continuidade. Até certo ponto, isso pode ser controlado encapando-se madeira balsa em torno das partes que você não quer que se movam. Usar fio de alumínio recozido (que pode ser curvado facilmente e tem pouca distensão) também ajudará. Mas fios ainda estão longe do ideal. Assim, a estratégia do fio de alumínio é boa para bonecos de segundo plano, em que o movimento é limitado e menos sutil, mas para as personagens principais, as armaduras são essenciais. É uma despesa que valerá a pena.

Mesmo uma armadura muito básica ajudará a controlar melhor a animação. De modo geral, as armaduras são uma série de articulações esferoides, ligadas por hastes rígidas, que dão flexibilidade e um movimento limpo e definido aos membros. Uma armadura deve ser capaz de produzir movimento livre e sutil, sem perturbar mais nada, e ainda ser firme para que não se incline quando o animador se afastar. Essa contradição torna claro que construir um esqueleto com armadura é uma arte complexa, e que o tensionamento de um boneco pode provocar o sucesso ou o fracasso da animação. Portanto, é muito importante trabalhar junto aos fabricantes de bonecos e ganhar o máximo de experiência possível em tratar com diferentes tipos de armadura.

O número de articulações e, portanto, até certo ponto, o custo da armadura, depende exatamente do que você espera de seu boneco. Por exemplo, não faz muito sentido construir uma espinha dorsal com várias articulações se tudo que a personagem faz é ficar deitada na cama. Examine seu roteiro e veja exatamente o que é exigido de seu boneco, e se você puder arcar com o custo de uma armadura, vá em frente. Um boneco decente certamente é melhor do que vários instáveis. Mais uma vez, estruture seu filme em torno do que você sabe ser possível com seus recursos e orçamento.

Há algo de visceral em mover um boneco quadro a quadro... Há um caráter mágico nisso. Talvez você consiga uma animação mais suave com computadores, mas existe uma dimensão e uma característica emocional nesse tipo de animação que se adaptam a estes personagens e a esta história [*A Noiva Cadáver*].

Tim Burton

Cabeças

Bonecos de stop-motion com rostos que podem ser animados normalmente contam com um crânio interno contendo um sistema complexo de alavancas e palhetas ligadas a uma pele externa. Esse sistema pode produzir uma enorme variedade de expressões, com a vantagem de que você pode fazer uma variação extrema em um quadro e uma sutil no seguinte. Obviamente, esses mecanismos são caros (a não ser que você tenha as habilidades necessárias para fazê-los por conta própria) e aumentam o peso do boneco. Às vezes, eles também podem deixar a parte superior dos bonecos pesadas demais. Algumas das alavancas podem ser manipuladas apenas com os dedos ou com varetas, e você precisa confiar que a alavanca permanecerá no lugar. Elementos em que o movimento poderia opor-se à tensão natural da pele, como um maxilar se abrindo, talvez precisem de um dispositivo com engrenagens para mantê-los abertos.

Rostos detalhados e complexos são ótimos, se você puder arcar com seu custo e tiver tempo disponível para animá-los, mas não suponha sempre que um rosto complexo é necessário para contar uma história. A economia pode levar a resultados criativos e a uma bom movimento corporal do boneco, frequentemente transmitindo mais do que expressões faciais prosaicas. Examine seu filme e pergunte-se o quanto as expressões faciais são importantes e se há uma maneira mais interessante de se comunicar.

In the Fall of Gravity 2008

animador

Ron Cole

Aqui, vemos Trevor e sua armadura de cabeça altamente complexa, do extraordinário filme *In the Fall of Gravity*, de Ron Cole. Se você tiver orçamento suficiente para uma armadura sofisticada, o investimento vale a pena.

Por baixo

Ao contrário da animação 2D ou 3D, no stop-motion, quando um boneco levantar um pé, ele cairá, e quando você o estiver animando, ele deslizará. Por isso, todo boneco tem de estar firmemente ancorado no cenário. Várias técnicas podem ajudar. Por exemplo, bonecos leves podem ser presos pelos pés em uma tábua lisa, embora isso interfira visualmente no cenário.

Outra técnica é ter placas de metal nos pés dos bonecos e uma superfície de aço perfurado, sob o qual existam ímãs fortes que sejam movidos conforme apropriado. Esses ímãs não são baratos, e podem afetar computadores que estejam próximos. Também podem machucar suas mãos ao se juntarem, mas são fortes e duráveis; eles podem permitir que um boneco fique sobre um pé, desde que as articulações sejam convenientemente tensionadas. Contudo, a necessidade do aço perfurado claramente afetará o visual do cenário, e isso pode não funcionar para o aspecto de seu filme. Essas perfurações no aço são essenciais, não apenas para concentrar o magnetismo, mas também para permitir que você passe pinos por eles para usar como guias.

Contudo, ímãs podem ser difíceis, caso sua personagem tenha pés pequenos ou patas delicadas. Uma técnica alternativa é prender os pés com pequenos dispositivos magnéticos (*tie-down system*), que, espalhados por baixo do cenário, atarraxam-se aos pés, prendendo-os bem e criando a sensação visual de que o boneco está conectado ao seu ambiente. Contudo, é um processo muito trabalhoso, que exige acesso fácil para o animador, assim como muito planejamento, pois é necessário perfurar o cenário com antecedência. Também é muito fácil o boneco se desprender enquanto você o está manipulando.

Outra técnica muito mais barata, que tem sido usada em diversos filmes, é diminuir o número de sequências de caminhada – deixando que a câmera faça a maior parte do movimento –, ou colocar as personagens em veículos, obtendo facilmente um bocado de ação .

Screen Play 1992

animador
Barry Purves

Pela dificuldade de acesso à parte inferior do cenário, os pés dos bonecos em *Screen Play* continham pequenos ímãs para prendê-los. Isso não foi o ideal, porque dificultou levantar o pé um pouco acima do piso. Ímãs removíveis sob o cenário são mais práticos.

Por fora

Roupas sobre um boneco podem eliminar a necessidade da modelagem complexa de um corpo, desde que elas sejam bem costuradas em torno das formas básicas ligadas ao esqueleto. Essas formas sólidas, normalmente madeira balsa ou resina, ajudam a manter a silhueta da personagem nítida e consistente, mesmo depois de muita animação.

Além disso, com bonecos vestidos não aparece muita pele, de modo que você frequentemente pode limitar isso às mãos e aos rostos. Caso precise de uma personagem nua ou parcialmente nua, lembre-se de que a pele exposta ficará suja e precisará ser substituída, o que pode ser muito caro. A pele também deixará o boneco mais pesado, assim como tornará as linhas de junção do processo de moldagem mais difíceis de ocultar.

▶

Rigoletto 1993

animador
Barry Purves

Vemos aqui Gilda, por dentro e por fora, criada pela Mackinnon and Saunders. O figurino deve ser bem ajustado para o boneco, a fim de evitar que se mova indevidamente por causa da manipulação, mas sem tolher a ação.

▼

Jack, o Matador de Gigantes 1962

diretor
Nathan Juran

Personagens nus complicam a vida dos fabricantes de modelo.

Dica: pele

A escolha da pele para seu boneco dependerá do orçamento disponível, assim como dos requisitos da animação. Látex pode ser ajustado sobre a armadura em um molde e pintado conforme necessário. Ele tem uma bela aparência de pele, esticando-se e enrugando-se facilmente. Contudo, tem tempo de vida limitado, tendendo a ficar "craquelado" após algum tempo – e suja com muita facilidade.

Silicone também é uma boa opção, pois tem uma aparência mais translúcida, adequada para a pele, dura mais tempo do que o látex e também é mais fácil de limpar. Por outro lado, não tem a flexibilidade do látex e é muito mais pesado. Uma combinação de silicone e látex também pode ser usada, proporcionando o melhor de cada material. Rostos de plastilina são uma alternativa prática e econômica, mas o que você economizar na construção gastará em tempo de remodelagem, sendo que algum detalhe será necessariamente sacrificado. Evidentemente, não existe qualquer maneira definitiva de criar pele. Como se trata de animação, teoricamente você poderia usar qualquer material: estampa de jornal, couro, seda – tudo que for apropriado para o planejamento de design.

Características evidentes

Na animação com stop-motion, frequentemente não temos o luxo do tempo. Portanto, será útil se suas personagens forem projetadas de modo a revelar imediatamente suas principais características. Isso é especialmente verdade nos curtas-metragens, que precisam tirar o máximo de cada quadro, contando ao público o máximo, da forma mais econômica possível. A aparência do boneco pode ser a primeira pista do público para sua personagem e sua história. Para ajudar nesse processo, muitos designers pensam em suas personagens em termos de formas e silhuetas, e no que isso revela a respeito da personagem. Por exemplo, pode ser difícil imbuir cordialidade em uma personagem muito angulosa, pontuda e impetuosa e, inversamente, poderia ser difícil uma personagem mais arredondada e malheável retratar o mal. Suavidade e curvas são, inevitavelmente, associadas a algo gracioso e fofinho, como acontece com grandes olhos redondos e radiantes.

Muita coisa pode ser transmitida a partir da aparência de uma personagem, mas os animadores também devem pensar em como ela se moverá e como os elementos móveis da caracterização visual poderão ser utilizados de forma expressiva. Por exemplo, pense em como uma cauda poderia ser usada para mostrar uma emoção em particular ou se existem ombros que possam ser encolhidos. A expressão perfeita surge quando o planejamento visual e o movimento trabalham juntos. Uma personagem orgulhosa frequentemente será alta, olhando todos os demais de cima para baixo e provavelmente andará de forma rápida e controlada. Inversamente, uma personagem 'tola' será flexível e afrouxada, quase sem ossos, e descoordenada. É fácil descartar esses elementos do planejamento visual como sendo estereótipos, mas quando você tem tempo limitado para contar sua história, eles podem ser um atalho valioso.

▲

The Family Story 2009

animador
Chris Walsh

Aqui, temos um exemplo encantador de proporções humanas forçadas e exageradas para tornar as personagens menos realistas.

Expressividade

Ao escrever e contar a história de seu filme, é essencial pensar em como as personagens se expressarão. Elas contarão com o diálogo para revelar seus pensamentos ou falarão ao público por meio de expressões faciais altamente complexas ou linguagem corporal viva?

Qualquer que seja a resposta, isso afetará o design da personagem e da própria narrativa do filme. Se expressões faciais e diálogo forem importantes, você desejará mostrá-los em uma variedade de *close-ups*. Nesse caso, é preciso garantir que seu boneco suporte o escrutínio de um *close-up*, em que cada detalhe é revelado. Por exemplo, os olhos devem ser suficientemente vivos, e devem ser focados para que o espectador possa lê-los em *close-up*.

Por outro lado, se você não quer contar sua história por meio de expressões faciais, então a dependência da linguagem corporal sugerirá muitas sequências longas, proporcionando uma impressão muito diferente do filme. Lembre-se de que sequências longas demoram mais para serem filmadas, pois há consideravelmente mais coisas a animar. Tudo isso, é claro, afeta o orçamento. Ao projetar um boneco, é preciso certificar-se de que ele esteja equipado para expressar o que você deseja e como deseja. Seu boneco tem um esqueleto suficientemente adequado para utilizar seu corpo para transmitir emoções? Ele tem pernas longas o bastante para dar aqueles passos largos elegantes que você quer? Os estudantes muitas vezes desenham belas séries de imagens com as personagens passando por todos os tipos de contorções físicas. A realidade física do boneco frequentemente é menos dinâmica.

Ami 2008

animadora
Dominique Bongers

Você não precisa de um boneco complexo para contar uma história comovente. Aqui, um design vigoroso, uma linguagem corporal clara e o uso notável de grânulos de café, criam um efeito gráfico belo e delicado, adequado à história. Um uso fascinante de material barato que pode até ser reciclado!

Consciência espacial

Um planejamento visual despojado só funcionará se cada parte dele estiver a serviço da história. Se seu elenco consiste em uma família de ovos, bolas de bilhar ou bolas de futebol, vai ser uma luta tornar cada movimento e cada imagem interessante. As formas produzidas por uma bola de bilhar movendo-se pelo espaço não serão registradas, a não ser que haja detalhes suficientes (como um rosto) na bola. É importante aproveitar o movimento de seus personagens, já que um ovo quase sempre parece um ovo, não importa por qual ângulo seja visto. Portanto, é necessário encontrar formas interessantes que sejam lidas de qualquer ângulo e que mudem à medida que a personagem se move. Um ovo girando não funcionará até que receba braços, por exemplo; então, o menor movimento será percebido. É sempre uma boa ideia imaginar suas personagens em silhueta e ver se ainda funcionam.

A Traditional Christmas at Small Birds Singing 2009

diretora
Linda McCarthy

O rosto de cerâmica desses bonecos obrigam a atuação a depender mais do movimento de cabeça e de corpo do que das expressões faciais.

Anatomia

O modo como as personagens se movem espacialmente no cenário é fundamental para qualquer filme de stop-motion. Por exemplo, se você der pernas curtas a uma personagem elegante, elas irão impor um andar bastante cômico. Se der pernas enormes, um passo largo a fará cruzar o cenário em poucos quadros, mais rápido do que as outras personagens. Pés grandes, volumosos e gordos exigirão um levantar de joelhos mais alto do que o normal, para permitir que sejam vistos. Esse pode ser justamente o efeito que você está procurando, mas lembre-se de que cada pequeno detalhe no boneco estará relacionado ao seu movimento, e poderá ser mais um meio de expressão.

Se sua personagem é um cachorro, mas você o fez andar sobre duas pernas, isso afetará o movimento da cabeça e, especialmente, dos olhos nos dois lados do focinho. Às vezes, a anatomia de focinhos e bicos impede o público de ver os dois olhos ao mesmo tempo, exceto de frente. Isso limita o movimento da cabeça ou exige um pescoço muito flexível. Bocas que normalmente não são usadas para falar talvez tenham de ser reposicionadas no rosto para serem vistas, ou a cabeça precisaria ser mantida em uma posição artificial. Observe à sua volta e veja como a anatomia das pessoas afeta o modo como se movem e reagem. Com animação 2D, 3D e massinha, os animadores podem trapacear um pouco e proporcionar às personagens uma anatomia bastante fluida. Os bonecos são mais sólidos, tendo de obedecer aos seus mecanismos rígidos, o que faz parte de seu encanto e de sua credibilidade, mas também pode ser um inconveniente. Certifique-se de que, ao projetar um boneco, todas as características funcionem em termos práticos. A câmera verá tudo e a anatomia atrapalhará a animação?

▲

Friendly Fire 2008

diretor
Andy Kaiser

Conforme pode ser visto neste primeiro modelo de um soldado em *Friendly Fire*, a maioria dos bonecos começa sua vida tridimensional como modelos em massinha. Eles podem ser modelados até que as características estejam perfeitas, estágio em que é tirado um molde de látex ou silicone.

Movimento estilizado

Ao contrário do que acontecia nos primórdios da produção de filmes, quando havia poucas alternativas, atualmente não faz muito sentido usar um boneco para fazer o que um ator humano ou um personagem 3D faria perfeitamente bem. Hoje, os efeitos visuais digitais colocam atores em cenas em que o perigo ou a mera impraticabilidade não permitiria. O 3D pode até pegar um ator e, por meio de *motion capture* e de um projeto de computação gráfica, transformar suas características em uma criatura de fantasia, como aconteceu com Andy Serkis e Gollum, e no *King Kong* de Peter Jackson (2005). Trata-se de uma criação em 3D, mas com um movimento excelente e verossímil, e performance sutil baseada no ator original. Contudo, um boneco sempre será parecido com um boneco, e parece impróprio não aproveitar sua aparência e o modo como se move.

Outra vantagem evidente do uso de bonecos é que eles não têm a bagagem que alguns atores, especialmente os famosos, trazem consigo. Os atores faturam com seus nomes nos cartazes dos filmes, de modo que você sabe que eles estão representando uma personagem, e normalmente demora um pouco para o público superar isso. Com stop-motion, mesmo que o público saiba que está assistindo bonecos retratando personagens, ainda consegue entrar totalmente na história. O público pode se conectar com os bonecos imediatamente, sem pensar nos filmes anteriores dos atores ou em seus estilos de vida de celebridades.

O Cristal Encantado 1982

diretores
Jim Henson e **Frank Oz**

Bonecos não têm as limitações físicas dos atores e, portanto, podem facilmente parecer ter força ilimitada. Por isso, pode ser muito eficiente dar a eles uma vida física verossímil, criando a ilusão de esforço e fadiga. Isso é bem ilustrado pelos corpos pesados e pelos passos arrastados dos bonecos animatrônicos Mystics, de *O Cristal Encantado*.

Expressão facial

Embora um boneco possa ser sutil, nunca terá os detalhes complexos do *live-action* ou do 3D, mas não é para isso que eles servem. Os bonecos estão relacionados à representação seletiva. Um rosto humano tem uma grande quantidade de músculos, todos trabalhando juntos para criar expressão, permitindo à pele esticar, enrugar e contorcer. Mesmo os melhores fabricantes de bonecos não poderiam duplicar essa mecânica e suas combinações, e isso pode não ser algo ruim. Os bonecos funcionam enfatizando os elementos que definem a personagem e descartando aqueles que não têm valor narrativo.

No curta-metragem *Friendly Fire* (2008), que se passa nas trincheiras da Primeira Guerra Mundial, as personagens principais se alternam de uma cena para outra entre *live-action* e versões animadas, proporcionando uma sensação muito fluida e perturbadora. O filme também usa projeções de rostos de *live-action* nos bonecos, e 3D em rostos de *live-action*, tornando indistinta a linha entre as duas técnicas. Os produtores cinematográficos usam essa indistinção para refletir perfeitamente a característica atemorizante do cenário. É um efeito notável, perfeito para o filme. (Contudo, o que impressiona é a precisão do alinhamento de um projetor no rosto de um pequeno boneco móvel.) O efeito poderia ser obtido com 3D, mas teria sido exato demais, perdendo o elemento humano visceral.

Ocasionalmente, um boneco tem escala pequena, limitando a possibilidade de mecânicas faciais. Uma cabeça maior e mais expressiva pode ser construída para *close-ups*, mas isso normalmente exige a adaptação de partes extras do cenário ou o uso de tela azul. O King Kong de 1933 tinha uma cabeça de tamanho natural para certos *close-ups* de *live-action* e, conforme se constatou, eles ficaram menos expressivos.

Friendly Fire 2008

diretor
Andy Kaiser

Aqui, vemos um boneco com um rosto de ator humano projetado nele. Esse efeito exigiu um *rigging* complexo para que a projeção se encaixasse precisamente e para garantir que o boneco se mantivesse firme no lugar.

Para assistir

It's a Bird (1930), dirigido por Harold L. Muller, é um curta-metragem altamente engenhoso que inclui um pássaro de stop-motion devorando o conteúdo de um depósito de sucata. Então, o pássaro põe um ovo, que é chocado e se torna um carro de tamanho natural. Tudo isso é obtido com movimentos de câmera e uma personagem de *live-action* observando. Atualmente, a mesma história poderia ser mostrada de forma relativamente mais fácil com 3D, mas saber da paciência, concentração e memória exigidas para se posicionar os itens com tal precisão torna a animação um pouco mais atraente.

Seja expressivo

Atores vivos podem extrair quantas expressões faciais estranhas e maravilhosas quiserem sem aumentar o custo da produção. Infelizmente, não se pode dizer o mesmo do stop-motion; uma peculiaridade desse meio é que as expressões aumentam o orçamento. Isso acontece simplesmente porque elas demoram mais para serem animadas. Portanto, se as expressões forem uma parte importante de sua história, você precisa pensar cuidadosamente sobre como serão conseguidas.

Se seu filme conta com expressões muito complexas e detalhadas, o 3D pode ser uma solução melhor, mas isso depende do quanto você quer ser realista. Diversas séries conhecidas de televisão que eram em stop-motion recentemente se tornaram 3D, e é comum dizer-se que isso acontece porque o 3D pode fornecer mais expressões faciais. Isso é verdade, mas um bom animador pode obter uma enorme quantidade de expressões, sentimentos e características a partir de um rosto relativamente neutro (especialmente quando é usado em conjunto com uma linguagem corporal eficiente). A ausência de uma expressão facial complexa raramente é um obstáculo para uma boa encenação, especialmente se o boneco tiver um corpo versátil e olhos emotivos.

Uma fusão interessante de 3D e stop--motion, vista em várias séries de TV recentes, como *Postman Pat*, usa para as gravações bonecos sem as feições. Então, as expressões faciais são adicionadas posteriormente pela equipe de 3D, a partir de uma biblioteca de expressões. Isso é útil se você espera usar o mesmo *take* em diferentes cenas, mas é mais difícil para o animador ter um boneco inexpressivo nas mãos. Contudo, existem algumas situações em que expressões no boneco real são essenciais. Por exemplo, em *Rigoletto* (1993), teria sido absurdo não usar rostos expressivos, já que a história demanda diversas cenas dinâmicas de cantoria. Lembre-se, contudo, de que focar os rostos atrapalha muito o movimento com o corpo. Para se ocupar com *close-ups*, você deve certificar-se de que o diálogo e a emoção sejam uma parte essencial da peça.

The Astronomer's Sun 2010

diretora
Jessica Cope

Às vezes, expressões faciais e linguagem corporal têm tal clareza que o diálogo torna-se desnecessário. O stop-motion é particularmente bom para explorar essa ideia.

Life's a Zoo 2008 – presente

criadores
Adam Shaheen e
Andrew Horne II

Vemos aqui Morreski e um amigo, de *Life's a Zoo*. Essa série utiliza personagens concebidas de modo vívido para satirizar reality shows e destacar muitos estereótipos raciais.

Para assistir

Observe a fisicalidade controlada, porém expressiva, de Buster Keaton e outros comediantes mudos, para ver o quanto pode ser dito por meio de um rosto estático com um corpo móvel. Por exemplo, assista a última cena de *One Week* (1920), de Keaton, para ver emoções de desespero, desapontamento e amor – todas expressas sem nenhuma palavra.

Substituição

Uma técnica muito usada em stop-motion é a substituição (*replacement*) – trocar literalmente um boneco fixo ou, talvez, apenas elementos de um rosto, por uma peça completamente nova, e assim sugerir um movimento. Cabeças substituíveis podem produzir diferentes expressões faciais sem ter uma mecânica interna cara ou complexa. Contudo, elas exigem muito planejamento durante a etapa do *storyboard*, pois você precisa saber com antecedência o que exatamente será necessário e quando. Você também terá de decidir em que momentos substituirá as cabeças. Evidentemente, elas podem ser trocadas entre os registros de cada quadro, mas se você quiser que a substituição seja plenamente visível, então precisará ter o boneco facilmente ao seu alcance e garantir que a troca não seja drástica demais.

Substituições demandam pinturas perfeitamente casadas, alinhamento preciso e **registro**. Lembre-se de que mais cabeças significam mais expressões disponíveis, mas também um orçamento maior. Muitas vezes, é difícil encontrar a combinação correta de substituições para produzir um desempenho sutil – mas nem todas as histórias exigem sutileza. Por exemplo, a substituição é particularmente eficiente quando uma ação precisa ser repetida continuamente, como no caso de soldados de brinquedo marchando. Nesse caso, talvez funcione fazer uma série de substituições do corpo inteiro dos soldados de brinquedo, mantendo uma cabeça que possa ser animada movendo-se independentemente, para que o observador não perceba a repetição.

A substituição exige certo grau de estilização para funcionar e, por isso, muitos animadores preferem a flexibilidade e a espontaneidade que os rostos totalmente articulados oferecem. Eles permitem que você escolha entre um movimento amplo e um pequeno no exato momento em que está animando. Com substituição, essa escolha é, até certo ponto, predeterminada por você. Contudo, recentemente a substituição têm sido utilizada de forma brilhante em séries como *Pingu*, onde há frequente substituição de todo o boneco.

Registro é a técnica por meio da qual você garante que a cena atual se alinhe, em cada detalhe, com a anterior. Em todas as formas de animação, ela ajuda a remeter às imagens anteriores; qualquer registro – quer ele se dê a partir de pinos, gráficos ou escalas – ajudará a garantir que as personagens estejam corretamente posicionadas e que todos os detalhes fiquem alinhados.

Velocidade e economia

Além de ser útil para ciclos de caminhada repetitivos, a substituição também pode ser usada para levar as expressões faciais a extremos que a mecânica não alcança; também é ideal para outros efeitos, como uma bola em queda que, ao tocar o solo, muda rapidamente para um formato achatado. A substituição certamente é uma solução mais prática e econômica do que construir uma bola com mecanismos complexos. O resultado pode ser maravilhoso, mas você deve considerar o planejamento envolvido e a sutileza necessária para não mostrar a diferença entre as partes sequenciais.

Meu primeiro contato com substituição foi em *Chorlton and the Wheelies* (1976 – 1979), uma série projetada para ser produzida rapidamente, mas com eficiência. A maioria das personagens tinha aparência simples – carinhas animadas sobre rodinhas –, o que facilitava o trabalho.

Havia poucas cenas de caminhada no programa, e ficou decidido que Fenella, a bruxa malvada, também não andaria. Em vez disso, ela desaparecia e, numa série de substituições, reaparecia em outro lugar – o orçamento restrito do programa produziu uma solução convenientemente criativa e cheia de vida, adequada à personagem e ao ritmo do programa.

Essas eram substituições bem básicas, e Fenella estava limitada a sempre desaparecer na mesma pose, o que era eficiente. No mesmo programa, os rostos dos Wheelies eram substituídos por expressões diferentes e um tanto aleatórias. Não havia qualquer sensação de movimento de uma expressão para outra – elas simplesmente mudavam –, mas funcionava. Lembre-se de que a necessidade é a mãe da invenção, e restrições de tempo e dinheiro muitas vezes podem levar à inspiração criativa.

◀

Pingu 1986 – 2005

estúdio
Hit Entertainment

Vemos aqui o esplendidamente teimoso Pingu e sua família. Praticamente toda a animação foi conseguida através de substituição.

George Pál

Para George Pál e seus Puppetoons, nos anos 1950, a substituição era sua marca registrada em termos de identidade visual, sendo que vários de seus bonecos tinham expressões muito variáveis, cheias de contrações e distensões. Isso demandava dezenas de substituições, todas específica e cuidadosamente feitas para cada sequência em particular.

Muitos dos curtas-metragens de George Pál apresentam dezenas de soldados perfeitamente sincronizados, cuja precisão poderia ter superado os bonecos de stop-motion mais tradicionais. Dê uma olhada em seu espetacular *Rhythm in the Ranks* (1941).

Olhos

No design de bonecos, você pode eliminar o nariz, e eles ainda funcionarão. Retire a boca também, e ainda haverá vida, mas retire os olhos e mais nada haverá. Olhos expressivos podem tornar as palavras desnecessárias. Portanto, se você projetar um boneco com olhos fixos ou com não mais do que pontos pretos, limitará o potencial de atuação da personagem. Dois alfinetes pretos podem ser suficientes para dar vida ao boneco, evidenciando o rosto e dando vazão à expressão, mas quanto mais detalhes nos olhos, melhor. A expressão "os olhos são a janela da alma" é banal, mas verdadeira. Se pontos pretos são corretos para o design, então você precisará dar a essa personagem uma linguagem corporal particularmente expressiva. Isso funciona bem para uma personagem como Bob, o Construtor, que é extremamente físico. Sua linguagem corporal viva compensa um rosto simples.

Níveis de sutileza

O tipo de olhos que você utiliza pode ter um impacto enorme sobre como uma personagem atuará e se moverá. Portanto, essa deve ser uma das primeiras decisões tomar sobre um boneco. Olhos fixos e genéricos são sinceros e honestos, permitindo pouca dissimulação, o que pode ser adequado para a história. Se quiser sutileza, pontos pretos provavelmente não serão a melhor escolha. Se você der ao boneco olhos humanos realistas, com branco suficiente para permitir o movimento das pupilas, então a personagem terá uma grande variedade de expressões. Já uma face que se mantém rígida, mas cujos olhos se movem lentamente para um lado, traz mistério e profundidade.

Qualquer movimento nos olhos sugere um processo mental, e isso permite começar a brincar com o foco, e também com a falta dele. Acrescente pálpebras que pisquem lentamente e o significado da expressão será enormemente ampliado. Acrescente sobrancelhas e você terá uma gama ilimitada de expressões.

Bob, o Construtor 1999 – presente

estúdio
HIT Entertainment

Bob, o Construtor, pode ter um rosto simples, mas um piscar de olhos por substituição, uma abertura da boca e linguagem corporal viva proporcionam a ele muita personalidade.

Se você encarar a dificuldade e o custo de criar um boneco tão detalhado, certifique-se de utilizar todo o seu potencial. Isso significa planejar seu *storyboard* e seu método de gravação de modo a permitir que a cenas revelem o *acting* dos olhos. Cuide para enfatizar onde um movimento começa e mostrar sua total progressão. Normalmente, um movimento começará com os olhos focando algo, mostrando a intenção de um movimento futuro; essa intenção se traduzirá no movimento do corpo. Tudo isso é demorado e, assim, caro; portanto, sempre se pergunte o quão sutis devem ser as atuações das suas personagens.

Alguns cronogramas e orçamentos podem não permitir olhos complexos, pois se preocupar em manter os olhos em foco e evitar que o olhar dos bonecos fique instável ocupa tempo de filmagem valioso. Contudo, há um momento mágico quando você coloca um boneco em cena e foca os olhos. Repentinamente, com os olhos no foco, observando algo com ponderação, um pedaço de massinha ou uma armadura de metal e roupas se tornam uma personagem. É uma transformação empolgante.

Life's a Zoo 2008 – presente

estúdio
Cuppa Coffee

As personagens de *Life's a Zoo*, com seus olhos que sugerem intenção clara e foco; porém, veja como os óculos privam o pinguim dessa intenção.

The Magic Projector 2007

animador
Chris Walsh

Duas personagens de *The Magic Projector*, esculpidas de forma muito simples, mas seus olhos ainda proporcionam muita expressão.

Opções de olhos

Existem várias maneiras de construir olhos. Alguns bonecos funcionam com substituições simples, em que os olhos são literalmente arrancados com um pino (desaconselhável para os mais sensíveis!) e substituídos por olhos semicerrados ou fechados. Outros bonecos têm olhos de vidro ou de conta, colocados em soquetes e mantidos no lugar com ímãs, com uma variedade de pálpebras ou, luxuosamente, com pálpebras mecânicas que podem fechar rápida ou lentamente. Você pode até substituir os olhos para usar íris maiores ou menores, o que tem um efeito enorme na maneira como a personagem é percebida em termos de amizade ou hostilidade. Alguns bonecos têm olhos colados ou até mesmo uma pupila de borracha magnética; em alguns, os olhos são desenhados – a variedade é infinita. Um truque muito apreciado pelos animadores que usam stop-motion é umedecer os olhos com glicerina. Isso dá vida a eles de forma espantosa, proporcionando realces inesperados. Os olhos são uma parte trabalhosa e demorada do processo de animação, mas vale a pena fazê-los direito.

Como alternativa, e dependendo da personagem, você poderia ocultar os olhos atrás de óculos de sol ou de uma máscara, o que, embora acelere a animação, também apresenta um sentimento claro de frieza. Na verdade, isso pode ser muito eficaz para personagens de natureza mais misteriosa, pois nada é revelado, e isso pode fazer o espectador se sentir vulnerável e exposto. Um exemplo excelente disso é o efeito perturbador obtido pela substituição dos olhos por botões em muitas personagens de *Coraline e o Mundo Secreto* (2009).

A personagem de *Madame Tutli-Putli*, um filme incrível de 2007, tem olhos humanos perfeitamente esculpidos em um boneco de stop-motion, e o efeito é misterioso, perturbador e muito, muito bonito. Contudo, teria sido perturbador demais se o rosto fosse mais realista, mas Madame Tutli-Putli ainda é claramente um boneco, com rosto e mãos esculpidos grosseiramente e uma magnífica mancha fixa como boca. Os olhos humanos úmidos expressam perfeitamente a sensação de terror e medo de sua situação. Não há necessidade de palavras. Essa técnica foi inevitavelmente demorada, mas é um filme extraordinário e comovente.

Gargoyle 2006

animador
Michael Cusack

Uma cena do lúgubre *Gargoyle*, de Michael Cusack, mostrando a personagem-título desprovida de olhos e, assim, "olhando" com seu corpo inteiro.

Madame Tutli-Putli 2007

diretores
Chris Lavis e
Maciek Szczerbowksi

Vemos aqui Madame Tutli-Putli e seus incríveis olhos humanos, esculpidos em um boneco maravilhosamente simples.

Mãos

As mãos são uma forma de expressão importante, e precisam de atenção especial ao se desenvolver um boneco. Tradicionalmente, seja por motivos econômicos ou pela facilidade de desenho, as personagens de cartum têm três dedos e um polegar. Essa pequena fraude serve bem para a animação bidimensional, mas os dedos dos bonecos de stop-motion têm um propósito **preênsil** prático e também estético, sendo, portanto, desejável que tenham cinco dedos. O motivo disso é que não apenas é muito mais fácil segurar acessórios com quatro dedos e o indispensável polegar, mas a variedade de expressões é consideravelmente mais ampla do que com três dedos e um polegar.

Dicas úteis

A mecânica complexa de mãos expressivas é cara; portanto, considere a importância e o significado das mãos para suas personagens e para o filme. Vale a pena examinar o roteiro para decidir exatamente o que será necessário para as mãos de suas personagens e projetá-las de maneira adequada. Aqui estão alguns pontos importantes a considerar:

- Dedos de arame podem funcionar bem para bonecos muito simples, mas têm duração limitada e raramente podem ser endireitados depois de curvados.
- O silicone tem excelente durabilidade, mas não permite agarrar nada. Assim, os animadores frequentemente têm de contar com pinos, linhas invisíveis e até cola rápida – todos os quais diminuem a velocidade da filmagem. O silicone também pode apresentar rachaduras quando os dedos são deixados em posições extremas por um longo período.
- A massinha, por sua natureza, pode produzir boas mãos volumosas e cômicas, mas isso dificulta sustentar dedos longos e elegantes. Eles simplesmente se despedaçam.

Preênsil (principalmente em relação aos membros ou à cauda de um animal): capaz de agarrar.

- Durante o processo de filmagem, as mãos sofrerão desgaste e os dedos quebrarão. Isso significa que você precisará de vários pares.
- Por serem pequenas, as mãos sempre dão trabalho para animar, e os animadores temem o som de um acessório caindo ao escorregar dos dedos de um boneco. Colocar pequenos ímãs embutidos nas palmas das mãos pode ajudar.
- Frequentemente, as personagens de stop-motion são baseadas em animais, com patas que limitam a expressão e a ação de agarrar. Caso você tenha personagens animais, pense cuidadosamente no que suas patas precisarão fazer.
- Algumas personagens com mãos estilizadas ainda conseguirão ser expressivas por meio de ritmo e andamento, em vez da articulação real. Os filmes de *Rick and Steve* são um ótimo exemplo disso, pois as personagens são baseadas em brinquedos infantis simples, com mãos curvas fixas, as quais se tornam uma característica essencial da animação.

Assim como acontece com muitos aspectos do stop-motion, o principal é a harmonia entre a estética e a prática. Tudo isso testará o quanto você gosta de trabalhar com coisas pequenas; mas você verá que um gesto maravilhosamente expresso por um movimento eloquente da mão é muito gratificante.

In the Fall of Gravity 2008

animador
Ron Cole

Vemos aqui três bonecos com mãos expressivas, do filme *In the Fall of Gravity*. Assim como acontece com as pessoas, os bonecos transmitem significado através da linguagem corporal, especialmente de suas mãos. Elas podem expressar sentimentos íntimos quando utilizadas ponderadamente, mas um tratamento espalhafatoso e insensível pode desviar a atenção da atuação.

Tamanho do boneco

Não existe tamanho padrão para um boneco de stop-motion. Isso acontece porque o tamanho adequado é determinado pelos aspectos práticos do filme, do estúdio – e da mão do animador. Se o boneco for ter mecanismos complicados na cabeça, será mais fácil para os **bonequeiros** se o boneco for maior do que o normal. Se esse for o caso, lembre-se de que tudo aumentará. Por exemplo, serão necessários cenários maiores e, portanto, um espaço maior no estúdio. O tamanho do boneco também dita a resistência exigida das articulações – e articulações muito fortes podem ser mais difíceis de animar.

Bonecos muito pequenos são trabalhosos e desajeitados. Frequentemente, é difícil incluir o detalhe exigido na modelagem e a textura suficientemente fina no figurino. Bonecos muito pequenos às vezes também podem precisar ser animados com palitos de dentes, quando os dedos do animador simplesmente não são ágeis o bastante.

Seja prático

Um tamanho prático é normalmente estabelecido pela ergonomia. Pergunte-se se você consegue segurar o boneco de maneira confortável e firme com uma mão e controlá-lo facilmente com a outra. A maioria dos bonecos acaba tendo algo em torno de 22 a 30 cm. Essa escala deve permitir *close-ups* detalhados, assim como armaduras controláveis. Alguns animadores simplesmente não conseguem manipular uma boca pequena, por exemplo, sem derrubar o boneco, por causa de seus próprios dedos grandes. Pense nas implicações do tamanho de seus bonecos e em como isso afetará os cenários e o espaço no estúdio. Tudo está relacionado.

Tales from the Powder Room
2002

animador
Darren Burgess

Darren Burgess animando uma personagem de seu *Tales from the Powder Room* – esses bonecos certamente têm um tamanho prático.

Bonequeiros são artistas que cuidam de todos os aspectos da criação de bonecos, desde armações detalhadas até figurinos sob medida e pinturas da pele sutis.

Next 1989

animador
Barry Purves

Aqui, estou animando William Shakespeare – e a imagem demonstra um tamanho de boneco confortável.

Dica: bonecos muito grandes

Se um boneco fica grande demais, precisando de outros animadores ou de manipulação externa, pode haver falta de controle. Grande parte da beleza do stop-motion está em sua intimidade direta, com os bonecos aconchegados em uma mão. Contudo, às vezes bonecos muito grandes são necessários para uma história. Por exemplo, o grande boneco Were-Rabbit de *Wallace e Gromit: A batalha dos vegetais* precisou de mais de um animador, e seus recursos foram controlados externamente por meio de cabos discretos. A vantagem foi que a manipulação não afetou a sua pelagem.

Massinha

Massinha e plastilina são materiais ideais para começar a animar, pois são consideravelmente mais baratos do que bonecos com armadura. Contudo, para animar com massinha, você precisa de uma habilidade que os outros animadores não precisam: você precisa saber modelar. Talvez também seja necessária a capacidade de manter uma imagem física e mental da forma-mestra em sua mente, e em suas mãos, pois você remodela a figura a cada quadro.

A massinha é flexível e sólida o suficiente para atuar com sua própria armadura no caso de movimentos pequenos, mas movimentos mais radicais exigem remodelagem, e esse fato frustra muitos animadores. O trabalho necessário para modelar pode tirar a emoção de um animador para o movimento. Devido ao material, as personagens têm uma característica grosseira inevitável, que faz parte de seu charme. A maioria das personagens em massinha tem pés bastante grandes, pois essa é a única maneira de mantê-las em pé. Se você está planejando personagens elegantes ou delicadas para seu filme, talvez a massinha não seja apropriada.

Texturas finas, como pelo ou rugas, também devem ser evitadas nesse meio, pois será impossível manter a continuidade de um quadro para outro. Com massinha, a escala também se torna um problema, já que o peso do material pode se tornar muito incômodo, no caso de bonecos grandes. No entanto, apesar dessas limitações, as personagens em massinha também são surpreendentemente versáteis e práticas; você pode sentir e ver os resultados de sua animação.

Beaver Creek 2008

animador
Ian Timothy

Twigs, o castor de 14 anos de idade, dos esplêndidos filmes *Beaver Creek*, de Ian Timothy.

Faust 1994

animador
Jan Švankmajer

Massinha utilizada para um efeito mais perturbador. Uma personagem do deslumbrante filme *Faust*, de Jan Švankmajer, cheio de técnicas arrojadas e diferentes.

Jan Švankmajer

Jan Švankmajer produz filmes extraordinariamente viscerais. Ele não somente promove as possibilidades da massinha, obtendo todos os tipos de significado de suas transformações, como também mistura corajosamente a massinha com objetos, sobras, literalmente qualquer coisa. Seus filmes de tirar o fôlego atestam, novamente, que o menor objeto ou o material mais incomum pode ser usado para ilustrar uma ideia, se essa ideia for boa.

Fisicalidade

Por vezes, são usadas armaduras para bonecos de massinha e animação, o que envolve moldar a massa em torno da armadura para formar uma pele flexível, às vezes até com substituição de bocas pré-fabricadas. Isso torna o boneco mais leve do que se feito de massinha maciça, e elimina a necessidade de esculpir repetidamente. Contudo, também significa perder parte da capacidade de alongamento e compressão da massinha pura. Por isso, a maioria dos bonecos é feita de massinha sólida, que proporciona certa fluidez anatômica no posicionamento das articulações. Tudo isso faz parte do prazer de se trabalhar com massinha e dá às personagens uma característica única. A massinha também é fantástica para declarações ousadas e insolentes. É uma forma muito física de animação, e a técnica é parte essencial dela.

É importante aceitar que impressões digitais e variações na textura da pele são partes inseparáveis do trabalho com massinha. Isso é algo que deve ser aproveitado, em vez de evitado. A massinha também é perfeita caso o exagero faça parte da performance de seu boneco. Talvez não seja perfeita para cenas de introspecção, mas se você quer contração e distensão em sua personagem, e tudo o que estiver relacionado à transformação ou metamorfose, a massinha é exatamente o material certo.

A animação com massinha é acessível e não há dúvidas de que suas personagens existiram como parte do mundo real. Com o 3D ficando mais e mais impressionante a cada dia, é gratificante ver que um simples naco de massinha ainda possa proporcionar diversão, tanto para o animador quanto para o público.

Para assistir

Dê uma olhada nas sequências do Rei Nome em *O Mundo Fantástico de Oz* (1985) para ver um uso criativo de animação com massinha. Aqui, a técnica é totalmente adequada para a personagem de uma montanha viva, em constante transformação. Isso foi produzido pela Will Vinton Productions – o curta-metragem anterior da Will, *The Great Cognito* (1982), apresenta uma série de transformações notáveis e muito detalhadas, mostrando o potencial da massinha. A Aardman Animation continua a promover a animação com massinha em todas as áreas da sofisticação imaginativa, desde os alegres curtas-metragens de Morph até os longas-metragens de *Wallace e Gromit*. Artistas como Joan Gratz, do Canadá, usam massinha para pintura, usufruindo das transformações e texturas que ela oferece. Dê uma olhada em seu belo filme, *Mona Lisa Descending a Staircase* (1992).

Morph 1977–2000

criadores
Peter Lord e
David Sproxton

O versátil, engenhoso, absolutamente simples e constantemente metamórfico Morph. Os acessórios reais em torno dele dão uma indicação de seu tamanho.

Recortes

Os recortes são outra forma única de animação, sendo que os trabalhos de Lotte Reiniger, Michel Ocelot e Yuri Norstein mostram como essa técnica pode ser extraordinariamente rica e delicada. Ainda é uma técnica muito tátil e, uma vez criados os bonecos, você não precisa ficar remodelando, embora uma única personagem possa ter vários elementos sujeitos à mudança, de acordo com seus movimentos.

Para trabalhar com recortes, você precisará ter um olho afiado para saber como uma personagem funciona melhor como silhueta e como o movimento funciona em perfil. Os recortes misturados com um set de câmeras multiplano literalmente adicionam outra dimensão, e embora os computadores sejam capazes de duplicar esse efeito facilmente, ainda existem exemplos eficientes. Um desmembramento de *Bob, o Construtor*, chamado de *Bob on Site* (2007), utilizou uma inserção de multiplano e recorte, e o efeito ficou muito bonito, tendo textura e profundidade reais.

É uma grande alegria animar com recortes, pois você tem todo o prazer de tocar e manipular os bonecos, mas não precisa se preocupar com a gravidade ou com as articulações do boneco. É claro que existem outros desafios; por exemplo, se você não tiver o papel correto, as personagens podem encaracolar-se. Impressões digitais no vidro também podem atrasar a produção. Você também precisa ter mãos extremamente firmes para mover os pedaços de papel com precisão. Os animadores frequentemente mexem as personagens com palitos de dentes, pois, às vezes, os dedos são desajeitados demais e talvez estejam suados, o que leva as peças a se moverem quando a mão é retirada. Contudo, essa é uma forma de animação bastante econômica, pessoal e íntima, que além disso é uma experiência prática, e os resultados podem proporcionar belos movimentos e imagens.

Quando escrever seu roteiro, pergunte-se constantemente se a técnica escolhida pode transformar suas ideias em realidade. Se não puder, provavelmente é mais fácil mudar a técnica do que as ideias, embora, na animação, elas estejam tão intimamente ligadas que é difícil separá-las. Contudo, seria errado impor uma técnica inadequada a uma ideia.

O autor trabalhando

Uma foto não muito lisonjeira de mim mesmo trabalhando em um set multiplano, o que foi surpreendentemente agradável, embora apertado e desajeitado.

▲

The Tale of Sir Richard 2006

animador

Peter Dodd

O filme *The Tale of Sir Richard*, de Peter Dodd, usou recortes com relevo e foi filmado em diferentes níveis de vidro. Esse filme combina maravilhosamente substituições bem modeladas e texturizadas. Os resultados eficientes dão a sensação de que são bonecos, mas sem o custo de armações complicadas ou os problemas da gravidade, além dos orçamentos enormes. E ainda mantém o prazer do processo tátil.

▶

Les Trois Inventeurs 1980

animador

Michel Ocelot

Esta cena primorosa mostra os delicados, mas bastante texturizados, recortes de papel.

No Capítulo 4, veremos toda a preparação necessária para uma gravação tranquila e o tipo de problemas e satisfações você encontrará em um estúdio. O processo nesse estágio da produção de um filme é muito diferente de qualquer outra forma de animação, com muito mais fisicalidade envolvida. Uma preparação detalhada antes de gravar evitará muitos problemas posteriormente, e é uma fase essencial a ser atravessada.

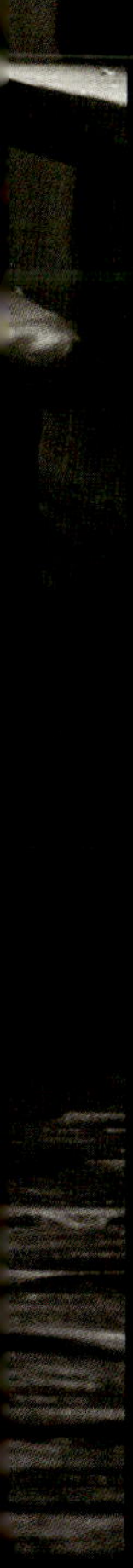

◀

Mary and Max 2009

animador
Adam Elliot

Esta imagem resume tudo que o stop-motion tem de maravilhoso: aproveitar todos os elementos de design, textura, iluminação, cor, profundidade, detalhe e personagem, para produzir algo muito estilizado, mas instantaneamente verossímil e reconhecível. Cada elemento está trabalhando em harmonia com os outros.

Trabalhando com os outros

Quando um filme de stop-motion entra em produção, muitas outras pessoas passam a estar envolvidas, todas supervisionadas pelo produtor. O produtor garante que as pessoas certas estejam fazendo as coisas certas, no prazo e dentro do orçamento. Ele também atua como facilitador, permitindo que o diretor concretize sua visão do filme, quando isso for possível do ponto de vista logístico. Se o produtor e o diretor não trabalharem juntos, a produção poderá se fragmentar rapidamente.

Da mesma forma, uma das principais funções do diretor é manter todos os diferentes setores trabalhando com o mesmo objetivo. O diretor deve garantir que cada decisão esteja de acordo com o espírito e o estilo do filme, e que cada elemento seja usado em seu potencial máximo – que a **semiótica** do filme funcione em união. Um filme precisa de uma visão unificada, e uma preparação completa é fundamental para se conseguir isso.

Planejando a logística

Uma vez estabelecidas a narrativa inicial e as ideias temáticas, o próximo estágio é o desenvolvimento de um roteiro. Concluído o roteiro, o processo de planejamento continuará e levará à criação de um *storyboard* completo. Se houver orçamento suficiente, isso também será convertido em **pré-visualizações** completas e *animatic*.

Friendly Fire 2008

animador
Andy Kaiser

Um primeiro esboço do clima de *Friendly Fire*, que dá uma ideia do filme acabado e ajuda todos os envolvidos a saber o que o diretor espera obter.

Semiótica é o estudo de sinais e símbolos e seu uso ou interpretação.

Pré-visualizações geralmente são recriações digitais grosseiramente animadas do filme final. Existem cenários e personagens básicos, e com eles o diretor consegue mover a câmera nesse mundo virtual em busca de ângulos perfeitos. Tudo isso ajuda a ter ideias de encenação antes da gravação realmente começar.

O objetivo de tudo isso é garantir que todos os envolvidos tenham uma compreensão clara e partilhada dos principais elementos exigidos para a conclusão do filme. Por meio desses vários processos, o diretor pode antecipar o que funcionará e o que deve ser cortado. Essa preparação é fundamental para evitar a tomada de decisões improvisadas e dispendiosas na gravação. O stop-motion é tão demorado que não podemos arcar com as despesas de mais do que o necessário para o filme concluído. Isso exige uma preparação completa e muito bem pensada de cada elemento do filme.

Muitos *storyboards* são desenhados por artistas extremamente talentosos, com muita imaginação. Se esses artistas não tiverem um conhecimento preciso e detalhado das limitações dos cenários ou da construção dos bonecos, poderão desenhar *storyboards* cheios de ângulos extravagantes, perspectivas dinâmicas e expressões exageradas que não podem ser recriadas no estúdio com bonecos e cenários físicos. Infelizmente, isso apenas desperdiça os esforços de todos. Da mesma forma, um escritor pode ter um ponto de vista importante a respeito da expressão complexa de uma personagem, mas isso não ajudará muito se o boneco real tiver apenas dois olhos fixos pintados.

Você economizará tempo e evitará problemas desenvolvendo a logística de cada cena durante o processo de escrita e preparação, em vez de tentar descobrir isso quando estiver no estúdio.

Storyboards e pré-visualização

Um *storyboard* cheio de energia e detalhes impressionará clientes e assistentes, e dará uma ideia de como será o filme. Contudo, o principal objetivo do *storyboard* é dar uma ideia prática e precisa de como ficará o filme terminado e como cada tomada se encaixará no quadro global. Não se trata necessariamente de interpretações artísticas vívidas de uma cena, mas do ângulo em que o diretor preferirá gravar uma cena, que é importante para o operador de câmera e os cenógrafos conhecerem antecipadamente. O *storyboard* é um ponto de referência comum vital para todos os envolvidos no filme. Evidentemente, se você mesmo estiver desempenhando todos esses papéis, ainda precisará do mesmo planejamento muito claro da pré-produção.

Por sua própria natureza, os *storyboards* são estáticos e, portanto, talvez sejam necessários vários desenhos para transmitir a ação de uma cena importante. Você achará mais fácil se trabalhar com um quadro por página do *storyboard*, pois fica mais fácil ver o efeito que a eliminação ou a adição de uma cena terá e como, então, as tomadas ficam uma ao lado da outra. Desse modo, seu *storyboard* será prático e adaptável.

Criar personagens simplificadas em 3D, sobre uma representação geográfica de uma cena em pré-visualização digital, permite que o diretor mova uma câmera virtual ao seu redor. A pré-visualização oferece muitas opções e ajuda o diretor a ter uma ideia aproximada do filme, antes de se comprometer com decisões importantes e dispendiosas. O uso de movimento na pré-visualização também permite que você avalie se o ritmo, a cronometragem e a gramática do filme estão funcionando.

Normalmente, quando o diretor está contente com a pré-visualização ou com o *storyboard*, eles são editados como um *animatic*, usando-se cronometragens aproximadas. É aí que se torna evidente o que está funcionando bem e o que precisa de alteração. Ao dedicar tempo para a preparação cuidadosa no início do processo de gravação, você garante que o tempo de estúdio, mais caro, será bem gasto.

Mutt 2008

diretor
Glen Hunwick

Vemos aqui vários esboços de *Mutt*, de Glen Hunwick. Esses esboços iniciais são valiosos para planejar os ângulos e as composições, pois podem ser diretamente transformados no filme terminado (à esquerda).

Dica: pensando na frente

Quando você está escrevendo a história, desenhando o *storyboard* ou trabalhando na pré-visualização digital, é muito fácil esquecer a realidade do stop-motion. Por exemplo, um roteiro pode facilmente descrever uma cena de coreografia vigorosa, mas dar vida a isso é muito mais difícil. Embora você nunca deva refrear sua imaginação ao escrever, é importante estar sempre ciente de que está lidando com personagens muito físicas, e que o roteiro e o *storyboard* devem refletir isso.

Cenários

A construção de cenários é um aspecto muito atraente do stop-motion, e proporciona muita satisfação às pessoas, recordando as brincadeiras de criança com casas de bonecas, trens elétricos e construção de modelos. Sempre houve e sempre haverá algo inerentemente satisfatório em se estar a frente de um mundo em miniatura sólido. Se você tiver olho clínico para detalhes e textura, o stop-motion será definitivamente para você.

Requisitos práticos

Todo cenário precisa preencher vários requisitos importantes. Deve, por exemplo, permitir o acesso do animador, assim como das câmeras e luzes. Também deve ser suficientemente estável para aguentar os animadores se esticando e se inclinando sobre as superfícies durante cada quadro, não deixando que algo balance, afunde ou entorte durante a filmagem. Ainda mais desafiador, um designer de cenário deve fazer o que é basicamente um tampo de mesa plano parecer um interior convincente ou uma paisagem épica.

Cenário da Chiodo Brothers

Vemos aqui um cenário com altura de trabalho confortável, cheio de coisas que são parte essencial do stop-motion. Também é interessante observar o *cameraman* Rex Reed iluminando um cenário semelhante, enquanto o animador se prepara – um estúdio pequeno pode ficar cheio rapidamente.

Todos os tipos de truques teatrais, como névoa, falsas perspectivas e pintura engenhosa, ajudam na obtenção de uma escala grande, mas é preciso dizer que o 3D pode criar as paisagens mais surpreendentes e espetaculares, certamente além de tudo que pode ser construído em um estúdio normal e com orçamentos restritos. Se seu filme está relacionado a paisagens extensas ou a vistas de cidades complexas, pense em usar 3D. Como alternativa, talvez seja interessante filmar suas personagens de boneco contra uma tela verde e compô-las em um ambiente 3D. Certamente, essa é uma solução prática, mas em geral não tão divertida quanto criar cenários reais e trabalhar com técnicas como falsa perspectiva para fazê-los parecer maiores.

Se você optar por usar falsas perspectivas para dar ideia de escala, então deve pensar cuidadosamente sobre todos os ângulos que vai usar. A ilusão pode ser facilmente arruinada, e mantê-la exige planejamento cuidadoso nos *storyboards*. Para ajudar a manter a ilusão de escala, os cenários de stop-motion normalmente são construídos com uma "frente" – isso não apenas ajuda a explicar a geografia claramente, como também ajuda, na prática, o *rigging* e a iluminação. Caso você tenha um cenário que será filmado em 360 graus, todas as paredes precisarão ser removidas e, provavelmente, a iluminação alterada para cada configuração. Isso exigirá mais espaço e tempo no estúdio.

Exercício: proporções (*aspect ratios*)

Ao se projetar os cenários, é fundamental considerar a proporção em que o filme será feito e tentar planejar cada composição antecipadamente. Os filmes para televisão tradicionalmente costumavam ser projetados em uma relação de 4:3, mas agora o formato é normalmente de 16:9, que se assemelha mais ao campo de visão humano. No cinema, o formato pode ser ainda mais extremo. O formato widescreen certamente é dinâmico. Tente encenar uma conversa simples com proporções diferentes e veja como isso afeta a narrativa e o número de filmagens necessárias.

Credibilidade

Se um cenário é limpo e plano demais, pode estragar facilmente a ilusão de escala. A textura, a melhor amiga do stop-motion, pode ajudar a diminuir esse efeito. Introduzir algum desgaste básico nos cenários também pode ajudar. Os cenários precisam parecer habitados, e você ficará surpreso com a diferença que um pouco de sombra nos cantos ou um arranhado estranho pode fazer. O mesmo se aplica ao figurino. Como sempre, são os pequenos toques e imperfeições inesperados que tornam um cenário e uma personagem verossímeis para o espectador.

Por isso, os animadores normalmente preferem trabalhar em cenários reais, onde podemos responder ao ambiente e introduzir detalhes pequenos, mas significativos. Trabalhar no vazio de uma tela verde é exatamente isso – um vazio. É mais difícil se sentir parte da cena, e, até certo ponto, a animação se torna como uma camada de animação clássica ou um elemento em um filme 3D. Repetidamente, voltamos a apreciar o stop-motion, pois está tudo lá, bem na nossa frente, e podemos tocar nas coisas. Fazendo parte desse pequeno mundo, não é difícil imaginar como as personagens respondem e se comportam.

Um mundo todo novo

Como cada item precisa ser criado a partir do zero, por que não aproveitar e dar aos cenários caráter e estilo? Os cenários, assim como todos os outros elementos de seu filme, devem contribuir para (e refletir) a história global, personagens e temas. Quando estiver criando, tente fazer um mundo verossímil todo novo para a história, onde tudo funcione perfeitamente em conjunto. Por exemplo, lembre-se de que os cenários de stop-motion muitas vezes não precisam corresponder às proporções da arquitetura humana real. Isso acontece simplesmente porque, muitas vezes, as personagens são animais ou outras criações de fantasia, com uma ampla variedade de proporções anatômicas. Se uma porta for projetada com proporções humanas, é possível que não seja adequada para todas as personagens de seu filme.

Grande parte do sucesso dos filmes de Wallace e Gromit depende dos detalhes nos cenários, que muitas vezes são aparentes apenas em exibições repetidas. Considere o quanto os ossos de cachorro no papel de parede de Gromit dizem sobre ele. Assim como é comum haver um estereótipo visual para bonecos (como as personagens esnobes sendo retratadas por bonecos altos e pontudos), a cor e as formas usadas nos cenários podem refletir as histórias que contam. Evidentemente, por mais que você seja criativo com os cenários, é fundamental que as personagens se sobressaiam. Os cenários apoiam as personagens, e não o contrário.

> Sempre rio quando ouço dizer que uma forma de animação está morrendo. Tem-se dito há anos que o stop-motion está morto. Mas ainda existem alguns de nós por aí.
>
> Mike Johnson

Electreecity 2008

animadoras
Sarah Davison e
Sarah Duffield-Harding

Um cenário maravilhosamente estilizado, simples e imaginativo. Esta cena usa a textura com criatividade e oferece uma nova perspectiva à imagem familiar de uma árvore.

Dica: portas

Lembre-se de que existirão elementos no cenário que precisarão ser animados em momentos específicos – como as portas –, mas que pelo resto da cena precisarão ficar completamente imóveis. Ímãs ou pequenas dobradiças que possam ser tracionadas podem ajudar nisso. Nada arruína mais uma filmagem do que uma personagem andando em direção a uma porta e esta se movimentando antes de ser aberta. Normalmente, isso é causado pela falta de jeito do animador. Tudo precisa estar solidamente afixado no cenário e, ainda assim, estar livre para se mover, quando necessário. Resolver isso exige criatividade, e gostar de stop-motion certamente ajuda a gostar desse tipo de solução de problema.

Detalhes do cenário – coisas para pensar

- **Vida além da estrutura**
Embora a maioria dos cenários tenha por base um tampo de mesa, não é preciso muita imaginação para sugerir que a vida continua não apenas dos dois lados da estrutura, mas também acima e abaixo dela. Quando projetar o cenário considerando a câmera, não se esqueça de dar espaço para suas personagens (especialmente aquelas com sombras proeminentes) saírem de cena. Isso é particularmente útil quando você está lidando com veículos. Várias vezes, animei um carro até a beira do cenário e metade dele ainda continuou em cena. Esses problemas devem ser cuidadosamente considerados durante o planejamento da pré-produção.

- **Movimento casual**
Todos os detalhes construídos no cenário (como folhas ou papéis no chão, ou portas de vaivém) que possam reagir às personagens quando elas passam, podem ser extremamente úteis. Eles podem auxiliar na ilusão de um movimento tangível e dar credibilidade às personagens em seu mundo. Acrescentar efeitos na pós-produção, como neblina, nuvens móveis ou sombras, também ajuda.

- **Ângulos**
Certifique-se de que o tripé e a cabeça do tripé possam ficar baixos o suficiente para pegar todos os ângulos necessários para concretizar o *storyboard* planejado.

Hide and Seek 2007

animadores
Kerry Drumm e
Aaron Wood

Bonecos do filme *Hide and Seek*, realizado pelos alunos Kerry Drumm e Aaron Wood, mostrando o cenário de aço perfurado – perfeito para sustentar bonecos com ímãs – e que depois foi coberto com material semelhante a tábuas de assoalho.

Primeiros planos

Se seu cenário contém um elemento de primeiro plano, como um relvado com grama longa ou flores, isso pode virar um pesadelo para se trabalhar. Você terá de se debruçar sobre o primeiro plano a cada quadro, provavelmente batendo nas flores ou deixando pegadas na grama. Pulverizar fixador na grama pode ajudar, assim como fazer as flores rígidas. Contudo, se você estiver fazendo gravação digital, talvez seja mais fácil tratar o primeiro plano como um elemento separado. Filme-o com uma tela verde por trás antes da filmagem e depois o retire; ele, então poderá ser inserido na pós-produção. Essa técnica pode resolver muitos problemas, mas impede que o animador veja o quadro completo e limita o uso de movimento de câmera.

Altura do cenário

A altura mais conveniente para um cenário normalmente é o nível da cintura do animador. Geralmente, essa altura minimiza qualquer esforço físico. Ao considerar a altura do cenário, certifique-se de que o equipamento da câmera seja convenientemente adaptável e de que a câmera possa ficar em uma posição apropriada para o ponto de vista do filme. Trabalhei em um cenário baixo, onde o cameraman sem imaginação filmou tudo no nível de seu olho, em vez de usar o nível do olho das personagens que estavam no cenário. Foi como se Deus estivesse olhando para baixo, inspecionando a cena inteira, dando um clima ao roteiro que não era o pretendido.

Cor

Conforme já vimos, quando um cenário está preparado e a câmera está no lugar, normalmente é tarde demais para fazer mudanças nos bonecos, no figurino, nos acessórios ou nos cenários. Portanto, outro elemento vital de seu filme que deve ser decidido durante a pré-produção é a combinação de cores. É nisso que o 3D tem uma vantagem evidente, pois um ajuste rápido de alguns botões pode mudar o cenário virtual de vermelho para verde. Em grande medida, especialmente no caso de filmes digitais, tons, matizes e cores de uma cena inteira podem ser alterados na pós-produção. Mas esse não é o caso no stop-motion, e, assim, todas essas decisões precisam ser tomadas durante a pré--produção.

Muitos animadores preferem essa maneira de trabalhar, pois ela exige que pensem bem e consolidem sua visão do filme desde cedo. Uma vez que os cenários, os bonecos e o figurino estiverem prontos, não haverá lugar para mudar de ideia. Isso deve levar a um planejamento visual coeso, mesmo em filmes que demoram anos para serem produzidos, pois todas a decisões importantes são tomadas desde cedo e há pouco espaço para se desviar delas. Os elementos projetados de seu filme trabalharão juntos para reforçar a integridade do todo, deixando a espontaneidade principal vir das performances.

Paletas de cor

A cor pode contribuir muito mais do que apenas ser esteticamente agradável – cores específicas podem produzir várias respostas emocionais diferentes no público. Isso é especialmente importante em filmes infantis, em que cores vivas normalmente são pré-requisito. Assim como a textura, que tanto podemos aproveitar no stop-motion, o detalhe da cor entra muito facilmente nesse meio. Os bonecos podem ser pintados com uma variedade infinita de cores, gradações e texturas. Contudo, assim como acontece com o figurino, o boneco será tocado em cada quadro, e cores claras mostrarão marcas facilmente. A menos que você tenha tempo para limpar os bonecos constantemente, pense bem antes de escolher uma paleta muito clara. Você também precisará trabalhar junto com os designers, para garantir que as cores dos bonecos se destaquem contra os fundos. Boneco e cenário estarão sujeitos à manutenção durante uma gravação longa; portanto, fique sabendo que combinações de cores complexas exigem um esforço considerável para se adaptar.

L'Oiseau 2009

animador
Samuel Yal

Quatro cenas do filme *L'Oiseau*, de Samuel Yal, usando combinações de cores maravilhosamente arrojadas e composições visivelmente organizadas.

Lavatory Lovestory 2007

autor/diretor
Konstantin Bronzit

O filme indicado ao Oscar *Lavatory Lovestory*, de Konstantin Bronzit, faz um uso muito eficiente das cores para a narrativa. Quando uma atendente de banheiro encontra um lindo buquê de flores em seu jarro de gorjetas, isso ilumina sua existência, normalmente calma e monocromática – incitando-a a encontrar seu tímido pretendente.

No Capítulo 5, veremos como todos os elementos técnicos envolvidos no stop-motion afetam a narrativa e o filme em si, e por que eles são tão importantes quanto a animação.

Como precisamos criar absolutamente tudo a partir do zero, é importante extrair o máximo de cada elemento, permitindo que contribuam para o filme, em vez de serem apenas algo secundário, mera decoração ou arquitetura. Tente relacionar cada corte, cada enquadramento, cada música a alguma coisa na narrativa e no tema global. A animação é mais do que personagens móveis; trata-se de narrativa, e cada elemento pode ajudar a contar essa história.

Wallace e Gromit: A batalha dos vegetais
2005

animador
Aardman

O público do stop-motion gosta do fato de cada mínimo detalhe dos filmes ser meticulosamente criado. Neste caso, a linha de visão de um coelho muda graças a um palito de dentes cuidadosamente manuseado.

Quadros simples ou duplos

Uma decisão importante a ser tomada é se você vai filmar em quadros simples ou duplos (*by one* ou *by two*). Em outras palavras, você deve ter 24 a 25 quadros diferentes por segundo ou deve fazer um movimento somente a cada dois ou três quadros? Na maioria das vezes, a escolha de filmar *by one* é feita por causa da economia, e não pelo talento artístico. É possível "se dar bem" com filmagens *by two*, mas muitas vezes é só uma maneira de "fugir da situação".

Assistir a uma animação *by two* normalmente dá mais trabalho e é muito menos agradável do que uma *by one*, pois o cérebro do espectador tem de completar as informações ausentes. Evidentemente, as necessidades financeiras e os cronogramas às vezes exigem filmagens *by two,* e em um primeiro filme talvez você não tenha escolha. Mas saiba que isso pode limitar a qualidade da animação. Com apenas 12 quadros por segundo, é improvável que você consiga suavidade no final dos movimentos, ou no estremecimento sutil de um lábio, por exemplo, ou ainda em um tremor delicado da mão. Por outro lado, um efeito de *staccato* pode ser adequado para seu filme ou suas personagens. Os duplos também proporcionam certa energia bruta que pode ser correta para a cena, mas se você estiver tentando obter uma qualidade lírica, quanto mais quadros, melhor.

Com 25 quadros por segundo, você pode inserir muito mais detalhes e informações, levando a uma animação mais sofisticada e harmoniosa, que flui da maneira mais verossímil possível. É claro que existem algumas ações para as quais mesmo 25 quadros por segundo não são suficientes, como um pica-pau em ação. As pessoas que usam animação 2D e 3D definitivamente manchariam a animação aqui com um borrão. Com stop-motion, provavelmente moveríamos a cabeça do pica-pau para trás e para frente dentro de um extremo maior em quadros simples e ajudaríamos a mostrar o efeito da bicada pelo balançar dos troncos e das folhas da árvore.

Exercício: simples e duplos

Uma excelente maneira de demonstrar a diferença entre *by one* e *by two* é dividir determinado comprimento em meios centímetros. Mova um objeto por metade de um centímetro a cada quadro. Mova outro objeto lado a lado, mas por um centímetro a cada outro quadro. Na verdade, ambos estarão percorrendo a mesma distância na mesma velocidade, mas a diferença na qualidade do movimento é espantosa.

Às vezes é a técnica que está sendo usada que dita se você vai filmar *by one* ou *by two*. Por exemplo, modelar uma personagem em massinha 25 vezes por segundo não é apenas trabalhoso, como também duplica a quantidade de movimento indesejado e de "agitação" na superfície. Da mesma forma, seu boneco pode ter uma armadura restrita que não esteja à altura da sutileza de movimentos delicados, e assim, movimentos maiores *by two* têm de ser a resposta. Também não há nada que o impeça de misturar *by one* e *by two* na mesma ação. Por exemplo, você poderia começar a mover um objeto pesado com uma série de minúsculos incrementos de quadro simples e, então, quando o objeto já estivesse se movendo, poderia trocar para quadros duplos; porém, você notará a diferença. A diferença também será notada se você filmar um *close-up by two*, embora possa se sair melhor em tomadas de conjunto. Muitos animadores ficam relutantes de filmar qualquer coisa *by two*, pois querem fazer tudo fluir (embora isso não seja o mesmo que tornar tudo lírico e semelhante a um balé). Usando *by two*, você coloca imediatamente um freio nesse fluxo.

No centro dessa questão está o tamanho dos incrementos entre os quadros em proporção ao tamanho do quadro. Se os incrementos cobrirem uma pequena quantidade do quadro e se ligarem ao quadro anterior, você terá uma animação suave. Se o incremento cobrir uma grande quantidade do quadro, a animação se desagregará, pois isso impede o relacionamento com o quadro anterior. Há uma grande diferença entre animação de *close-up* e animação em grande plano, sendo que filmar *by two* em nada nos ajuda . A melhor estratégia é analisar o tipo de movimento desejado para suas personagens e os recursos de seus bonecos. Caso você tenha a opção, aprender a filmar *by one* ajudará; e, então, faça sua escolha depois disso, de acordo com seu estilo.

Animação incrível é quando você tem um diretor visionário que está usando todos os aspectos do meio ao mesmo tempo para transmitir sua ideia. Isto é... Um filme em que a música, os efeitos sonoros, os desenhos, os panos de fundo, o movimento estão todos trabalhando juntos. A mágica da animação é criar um mundo que não existe na vida real... Todo o artifício desaparece gradualmente, e você sente a verdadeira alegria de viver.

Stephen Worth

A câmera

É muito bom ter uma câmera em um estúdio de stop-motion. Nós somos os únicos animadores que geralmente veem uma, sendo que isso reforça a ideia geral de que stop-motion é um espetáculo e de que há um público. Outros animadores devem se sentir um tanto "distantes" ao trabalhar em suas mesas de animação e computadores sem câmera. Para o animador que usa stop-motion, a câmera é uma presença constante, e devemos ter muito respeito por ela. Isso proporciona um enfoque nos procedimentos, e o som de um obturador sendo exposto é uma parte fundamental do processo.

Evidentemente, devido à fisicalidade do stop-motion, a câmera pode ser tanto uma bênção quanto uma maldição, pois pode atrapalhar. Por isso, os animadores que usam stop-motion desenvolvem uma linguagem corporal estranha, à medida que se contorcem em torno da câmera – causando muitas dores nas costas. Muitos filmes antigos foram feitos nas gloriosas câmeras de 35 mm, mas elas são volumosas e desajeitadas, e a construção dos cenários tinha de levar em consideração a presença e o acesso necessário à câmera. Atualmente, a tendência é gravar com pequenas câmeras digitais – isso facilita muito a vida do animador. A minúscula câmera pode entrar nos cenários e pegar ângulos complicados, anteriormente impossíveis. Isso tem um impacto enorme em como contamos nossas histórias.

Muitos animadores tradicionais sentem falta das imperfeições e da riqueza do filme real, mas poucos sentem falta de câmeras grandes no estúdio. O tamanho de uma câmera digital e o retorno instantâneo que elas podem oferecer também são muito favoráveis ao animador. Elas oferecem um potencial extraordinário de manipulação das imagens. As câmeras digitais certamente tornam o processo todo mais acessível aos iniciantes e àqueles com recursos limitados.

Limitações físicas

No stop-motion, não podemos evitar o fato de que deve haver uma câmera na frente do cenário, e todos os movimentos da câmera precisam ser animados quadro a quadro. Isso traz problemas de acesso ao cenário, de sombras causadas por suas movimentações e do espaço ocupado pelo equipamento de controle. Tudo isso é inegavelmente desafiador. Contudo, como costuma acontecer com o stop-motion, desenvolver soluções criativas para esses problemas é incrivelmente gratificante.

Movimentos de câmera foram introduzidos lentamente durante a história do stop-motion. Inicialmente, as filmagens eram montadas como um palco de teatro, com as personagens se movendo dentro do quadro estático. Mais tarde, surgiram alguns movimentos de mão com incrementos imprecisos. Isso levou a câmera a ser colocada sobre trilhos, o que permitiu que fosse movida lateralmente, seguindo um boneco, ou mesmo deslocada em um cenário. O estágio seguinte foi a introdução de complicados e incômodos equipamentos de controle de movimento, os quais permitiam que a câmera se movesse sobre vários eixos. Inicialmente, eles eram manuais e, muitas vezes, altamente complexos, mas a introdução de computadores no processo permitiu à câmera repetir os movimentos com precisão. Agora é possível obter várias passagens com precisão, aumentando o potencial do uso de efeitos especiais.

Hoje, as câmeras podem ser relativamente móveis, mas o planejamento dos movimentos da câmera é demorado e deve ser meticulosamente organizado com antecedência. Isso pode levar o animador achar que deve acompanhar a câmera, em vez de a câmera seguir o movimento das personagens. Isso limita a animação, pois o animador precisa cuidar para que a personagem esteja em determinada marca, em determinado quadro, para estar na cena e em foco. Isso tira parte da espontaneidade.

Friendly Fire 2009

diretor
Andy Kaiser

Vemos aqui uma lente *snorkel* permitindo o acesso ao cenário composto de trincheiras em miniatura de *Friendly Fire*. Uma lente *snorkel*, muito parecida com um periscópio invertido, pode ser colocada na câmera e permitir filmagens em situações onde o corpo da câmera não poderia entrar.

Para assistir

Dê uma olhada nos incríveis efeitos do curta-metragem *Friendly Fire*, todos obtidos na câmera, na película, sem absolutamente nenhuma manipulação digital. O diretor, Andy Kaiser, quis que o filme refletisse sua paixão por clássicos mudos, como *Nosferatu* (1922), em que a imagem é vibrante e viva, com inconsistências de exposição. A película proporcionou uma instabilidade que a precisão digital não proporciona, a menos que seja inserida deliberadamente. Mais uma vez, são os erros e a falta da precisão total que dão alma ao stop-motion, e um diretor deve tirar o máximo disso.

Movimento e ritmo

Atualmente, a maioria dos filmes é feita com câmeras digitais de alta definição, que permitem que seja inserido movimento no plano na pós-produção. Isso pode incluir um zoom para salientar uma parte do quadro ou um deslocamento para alterar a composição da imagem gravada e chamar a atenção do público para algo relevante. Contudo, essas imagens devem ser tratadas com cuidado, pois podem parecer muito óbvias e triviais, especialmente quando esses movimentos de pós-produção são vistos junto a movimentos físicos da câmera. Isso acontece porque os movimentos de pós-produção não geram mudança de paralaxe, que é uma das maravilhas do trabalho em um espaço físico. Paralaxe é o efeito em que a posição ou a direção de um objeto parece diferente quando visto de diferentes posições.

Quanto mais você puder usar a profundidade de um cenário real, mais eficazes serão os movimentos de câmera. Imagine um boneco sozinho em um espaço vazio, sem nenhum detalhe. Um movimento da câmera não seria eficaz, pois haveria pouca coisa para sugerir uma mudança de perspectiva. Mas, no mesmo cenário, coloque peças em primeiro plano e corredores indo em direção ao infinito, e o menor movimento de câmera será lido. Os movimentos de câmera também ajudam no ritmo e no andamento do filme, embora possam ser difíceis de produzir com stop-motion. A famosa sequência do trem em *As calças erradas* (1993), com as personagens Wallace e Gromit, é um exemplo excelente de andamento. Essa sequência foi auxiliada por engenhosos fundos desfocados (alguns pintados como papel de parede "borrado", outros criados com movimento durante a exposição), dando a impressão de velocidade.

Contudo, se sua história depende de movimentos de câmera rápidos e complicados, o stop-motion pode não ser a maneira mais fácil de conseguir isso. Lembre-se de que a câmera, na animação 3D e 2D, pode ir para absolutamente qualquer lugar, mas uma câmera de stop-motion não apenas precisa ser posicionada a cada quadro, como seu acesso também é limitado por sua presença física. Evidentemente, isso pode ser superado por uma construção de cenário inteligente e por orçamentos e cronogramas compatíveis, mas é um elemento importante que afeta diretamente a narrativa.

> No teatro, embora você reconheça que está vendo uma casa, é uma casa entre aspas. Na tela, as aspas tendem a ser escondidas pela câmera.
>
> Arthur Miller

Amelia Jane 2006

diretora de arte
Lynne Pritchard

O simples e despojado, mas extraordinário, cenário de *Amelia Jane*, e uma pequena câmera digital, que facilita o acesso.

Para assistir

O uso de câmeras em *Madame Tutli-Putli* (veja a página 102) é extraordinário, com movimentos deliberadamente erráticos, tramados para simular o uso de câmeras manuais de *live-action*. Ele proporciona uma sensação muito fluida e espontânea à história, como se a câmera estivesse respondendo aos bonecos. Os movimentos da animação tendem a ser suaves, devido à maneira como são tramados, mas nesse filme eles são apropriadamente livres e dinâmicos.

Quando você estiver trabalhando em seus próprios movimentos de câmera, lembre-se de que eles são iguais aos movimentos da animação, pois precisam começar pequenos, e de que qualquer mudança na direção precisa ser lida claramente e acontecer suavemente.

Iluminação

Um grande problema com as luzes em um estúdio de stop-motion é que, normalmente, elas ficam ligadas o dia todo, e a menor cintilação ou movimento na lâmpada, ou uma lâmpada queimada, pode arruinar uma gravação. Qualquer mudança na intensidade ou no brilho da cor será imediatamente registrada entre os quadros. No que concerne ao cenário, o planejamento de iluminação precisa levar em conta o acesso da câmera e dos animadores, e particularmente a necessidade de troca de lâmpadas.

Obviamente, a iluminação pode afetar um filme de muitas maneiras, mas sua principal função é permitir que o público veja o que os diretores querem que seja visto. Contudo, com stop-motion, a iluminação também pode ajudar no movimento e na característica espacial dos cenários. Por exemplo, não faz muito sentido ter bonecos altamente modelados e texturizados se uma iluminação frontal e dura vai deixar tudo chapado. A iluminação deve mostrar cada contorno dos bonecos e a profundidade dos cenários. Do mesmo modo, o movimento dos bonecos será enfatizado se houver sombras ou iluminação colorida cobrindo seus movimentos. Para conseguir isso, você deve trabalhar junto ao pessoal da iluminação, a fim de traçar o movimento das personagens em uma cena. Lembre-se de que textura e detalhe podem ser enormemente eficazes para aumentar a credibilidade de um filme, mas são facilmente perdidos se ficarem completamente ocultos na sombra.

▲▶

The Owl House 2008

animadora

Jess Cope

A dura realidade de um cenário transformada em algo vivo e verossímil, por meio de todos os elementos da iluminação, animação e preparação de cenário detalhada.

Crossfading é a técnica de diminuir gradativamente uma imagem ou som (*fade out*), enquanto uma segunda imagem ou som aumenta gradativamente (*fade in*).

Sombras

Assim como as pausas no movimento, as sombras são uma parte importante da iluminação, proporcionando drama e suspense e uma noção de geografia real. Por exemplo, como a maior parte do stop-motion ocorre em tampos de mesa, com a iluminação por cima, é muito fácil dar a impressão de que nenhum de nossos cenários tem teto. Mas, com um pouco de planejamento, a iluminação pode sugerir uma arquitetura que não foi construída, árvores que não existem, uma hora do dia, calor ou frio. Também pode ajudar a sugerir um clima, de modo muito parecido com as cores.

Dependendo da artificialidade consciente de sua trama, não tenha medo de usar a iluminação como parte da narrativa, escurecendo ou fazendo ***crossfading*** no final das cenas ou realçando áreas com concentração de luz. A animação responde bem a essa teatralidade.

Música

A música, muitas vezes, pode parecer uma parceira mais natural da animação do que o diálogo. Animação quer dizer movimento, e música tem movimento. Além disso, a sublime artificialidade da música parece se encaixar na artificialidade da animação. Por isso, a música sempre deve ser discutida no início do planejamento de um filme.

Você pode usar música simplesmente como um fundo, para contextualizar a cena ou para ajudar a sugerir emoção. Contudo, ela pode ser muito mais gratificante quando utilizada como parte da própria narrativa, sendo ostensivamente mostrada como em um balé. Desse modo, a música pode ajudar a afastar a animação de uma realidade confortável, levando a algo mais interessante e estimulante. Se uma cena exige algum tipo de coreografia, então você deve certificar-se de ter acesso à música antes da filmagem. É importante familiarizar-se com as nuances da música bem antes de começar a animar.

Dica: ritmo

A música favoreceu o meu filme *Next* e foi muito trabalhada, em termos de estrutura, antes da filmagem; os compassos me orientaram a respeito de quantas poses eu precisava para contar a história. Eu poderia ter animado sem o formato musical, mas achei que me perderia facilmente do ritmo exato. Vimos como o stop-motion precisa fluir de um quadro para outro, de uma cena para outra. A música pode ajudar muito nisso, dando um formato para o que, às vezes, pode ser um processo muito fragmentado.

Se você estiver com problemas no andamento e no ritmo de sua história ou se uma cena específica não se encaixa no conjunto, tente decupá-la para sincronizar com alguma música. Lembre-se de que você geralmente precisará de permissão para usar a música de alguém em seu filme.

Jasão e os Argonautas
1963

animador
Ray Harryhausen

Esta batalha de esqueletos é uma das sequências mais perfeitas da história do stop-motion. A trilha sonora de Bernard Herrmann celebra a sutileza do stop-motion, ao passo que o torna uma sequência de ação eletrizante. Os instrumentos e os sons de percussão escolhidos são muito adequados para a aparência e para o movimento dos esqueletos. Cada elemento dessa sequência trabalha em conjunto para produzir algo que nenhuma outra técnica conseguiria.

Há muitas maneiras de usar música em sua narrativa. Uma delas é usar uma orquestra inteira para pontuar cada ação, como nos magníficos filmes de *Tom e Jerry*; ou, então, usar a música de modo mais sutil, como no filme *The Monk and the Fish* (1994), de Michaël Dudok de Wit, em que ela estabelece o tom e estrutura delicadamente o filme e o movimento. Muitos animadores gostam de trabalhar com a disciplina que uma peça musical impõe, embora isso não permita improviso ou inspiração na gravação (normalmente, não é possível encompridar uma peça musical para se encaixar na ação e, assim, a ação tem de se encaixar na música).

Diálogo

Formas de arte altamente artificiais, como a ópera, estabelecem suas convenções de comunicação desde o início. Mesmo assim, às vezes choca ver um cantor de ópera dialogando naturalmente após uma ária elaborada, pois o conflito entre as duas convenções fica exposto e estranho. Da mesma forma, frequentemente a animação é definida dentro de mundos fantásticos, com perspectivas singulares, ambientes estranhos e povoados com personagens gloriosamente bizarras. Às vezes, um diálogo natural pode ficar desconfortável nesses cenários, pois pode parecer um desperdício tolher criações extravagantes com uma conversa trivial. É importante permitir que o diálogo tenha a mesma liberdade estilística dos outros elementos de seu filme.

Primeiro, é claro, você precisa resolver o quanto o diálogo é importante em seu filme e o quanto está revelando das informações da trama e da personagem. Muitos animadores ficam mais à vontade usando formas artificiais de diálogo, como canto, rima ou mesmo narração. Também vale lembrar que a maioria das emoções pode ser transmitida pela linguagem corporal detalhada (*acting*), e isso certamente é mais favorável à animação do que muito diálogo com movimento mínimo.

A maioria dos diálogos exige *close-ups* e cortes alternados entre as personagens em uma conversa; isso definitivamente limita o potencial de movimento das personagens e do próprio filme (embora seja muito mais simples de filmar do que cenas mais ativas). Com muita frequência, especialmente na televisão para crianças, o diálogo pode ser uma maneira preguiçosa de dizer o que está acontecendo, em vez de mostrar.

Sincronismo labial

Com o diálogo vem o complicado problema do sincronismo labial (*lip-synch*), e muitos animadores podem fugir do movimento preciso. Naturalmente, se as personagens estão falando, parecerá estranho se não houver movimento da boca – o diálogo poderia ser interpretado erroneamente como narrativa. A falta de movimentos da boca também pode dificultar para o público identificar quem está falando, a não ser que a linguagem corporal seja clara. Evidentemente, se a linguagem corporal for clara, talvez você precise se perguntar se a fala é necessária.

Se optar por ter diálogo, pergunte-se o quão natural você quer que seja. Se não for capaz de combinar todas as formas de boca complexas necessárias à fala, é mais sensato ser mais estilizado (uma boca simples que só pode abrir e fechar será mais eficiente se você se concentrar no ritmo). Para ser absolutamente exata, a fala precisa de dentes, de uma língua e lábios bastante flexíveis, mas a maioria dos bonecos não tem esses detalhes, especialmente quando as personagens são animais que não possuem os mecanismos de fala. Animar os complicados movimentos da língua dentro de uma boca é algo fisicamente difícil de fazer e muito mais fácil para artistas que usam 3D.

> A animação pode ser muito mais do que normalmente somos permitidos ser.
>
> Henry Selick

Coraline e o Mundo Secreto 2009

diretor
Henry Selick

A equipe de *Coraline e o Mundo Secreto* desenvolveu um sistema elaborado de substituições, em vez de mecanismos internos, para conseguir um sincronismo labial preciso, com uma quantidade de nuances surpreendente. Os recursos necessários para produzir esse efeito estão fora do alcance da maioria dos animadores, mas os resultados são fantásticos.

Dica: evitando o sincronismo labial

Não há como fugir do fato de que o sincronismo labial desacelera o processo de filmagem com stop-motion e que também aumenta o orçamento. É claro que uma infeliz ironia é que a maioria dos programas infantis precisa de diálogo e movimentos da boca suficientemente detalhados. Esses programas são, então, vendidos no exterior, exigindo que as personagens sejam dubladas, tornando o sincronismo labial original um esforço absolutamente vão. Uma solução popular para esse problema é inventar uma linguagem expressiva, porém universal – como a usada pelo sempre travesso Pingu, o pinguim. Independentemente da linguagem utilizada, certa quantidade de estilização no sincronismo labial certamente é a melhor solução, mas qualquer que seja a convenção usada, certifique-se de apresentá-la ao seu público imediatamente.

Performances vocais

Ao usar o diálogo, é essencial que ele seja gravado e decomposto em quadros nas **folhas de exposição** bem antes da filmagem. É muito mais fácil um animador encaixar formas de boca no diálogo do que um ator conseguir encaixar sua voz em animação já filmada.

Quando se grava as vozes para stop-motion, o truque é obter o máximo de fisicalidade e espontaneidade possível, bem como ter absoluta consciência da geografia da cena. A maioria dos animadores gosta de trabalhar todas as pequenas respirações e pausas; ver um boneco aparentemente gaguejar em uma palavra dá vida a ele. Antecipar um diálogo, animando uma tomada de fôlego, acrescenta uma quantidade de vida surpreendente. Mais uma vez, são as pequenas imperfeições não planejadas que funcionam tão bem.

Uma voz mecânica e fria, tratada quase como uma narração, não se adequará bem ao boneco. Portanto, é fundamental descrever o melhor possível para o ator o que o boneco estará fazendo; por exemplo, ele está correndo em uma praia ou está sussurrando em um armário?

Qualquer dinâmica física só ajudará a animação. É importante estimular os atores a dar vida às palavras com o que acham que funciona. E, quando possível, ajuda ter o elenco dessa cena no mesmo espaço, olhando uns para os outros, para que o ritmo flua naturalmente. Se isso não for possível, faça alguém ler as falas fora do microfone para que você nunca tenha um ator dizendo suas falas isoladamente. Tecnicamente, é sensato deixar uma lacuna entre cada fala do diálogo, mas, às vezes, você pode ouvir o ator antecipando esse intervalo, de modo que isso deve ser tratado caso a caso.

Evidentemente, tudo isso pode significar que a animação tenha de se ajustar, necessariamente, à performance vocal. Isso pode tolher a animação; portanto, em um mundo ideal, o animador terá alguma contribuição no trabalho de voz (como sugerir certos trechos de ações características ou físicas que afetarão a performance vocal). Tente garantir que o diálogo e a música estejam disponíveis em sua estação de trabalho ao fazer as tomadas de cenas, para que você possa ouvir cada pronúncia e pausa em cada quadro. Recorra a isso o máximo possível.

Folhas de exposição ou *dope sheets* contêm o diálogo (*x-sheets*) ou a música (*bar sheet*) decompostos em sons precisamente cronometrados que se estendem numerosos quadros, ajudando o animador a coreografar a ação ou os formatos de boca. Trata-se de uma visualização fundamental do som, mostrando as cadências e os silêncios. É nossa equivalente de uma partitura.

Gilbert & Sullivan – The Very Models 1998

animador
Barry Purves

Mr. Sullivan em pleno canto. Embora ele não tivesse língua nem dentes, o ritmo forte da música e formatos de boca versáteis contribuiu para um sincronismo labial convincente.

Efeitos especiais

A tecnologia digital trouxe possibilidades quase ilimitadas para efeitos especiais. Contudo, muitos animadores que usam stop-motion preferem fazer o máximo de efeitos possível na própria câmera, no filme ou no estúdio. Essa continuidade dá aos efeitos uma unidade imagética que a mistura de um cenário real com elementos de 3D nem sempre alcança. O 3D de baixo orçamento pode não contrastar bem com a consistência espacial do stop-motion. Por exemplo, pode ser muito difícil inserir, de modo convincente, uma bola 3D sendo jogada entre dois bonecos. Os artistas que usam 3D precisam garantir que a iluminação corresponda à cena e introduzir sombras verossímeis. Essa pode não ser a maneira mais econômica de obter o efeito, pois o animador poderia facilmente suspender a bola em um fio invisível no cenário e fazer os bonecos interagirem corretamente com ela. Um leve toque na bola antes da exposição proporciona um borrão e oculta os fios. *Voilà*!

É imensamente gratificante criar esse tipo de ilusão na frente da câmera, no mesmo espaço das personagens. Isso pode se assemelhar a um neoludismo, já que a tecnologia pode criar imagens impressionantes, mas remonta às origens do stop-motion, com seus truques simples realizados com nada mais do que fumaça e espelhos. Também há uma percepção ingênua em relação à facilidade das imagens de 3D, o que questiona a habilidade e a engenhosidade dos artistas envolvidos. Supor que um efeito é simples e menos impressionante porque um computador foi envolvido é um equívoco. Contudo, muitos animadores que usam stop-motion ainda gostam de pôr a mão na massa. Se você gosta, provavelmente ficará feliz de sugerir ideias criativas no estúdio.

A maneira pela qual você utiliza efeitos especiais provavelmente dependerá da sofisticação de seu filme, mas tente usar a imaginação antes de contar com a tecnologia. Será mais gratificante se você conseguir controlar as coisas no estúdio.

A Fuga das Galinhas 2000

diretores

Peter Lord e **Nick Park**

Vemos aqui a incrível Ginger passando o tempo na solitária do armazém de carvão, jogando uma bola contra a parede – referência à personagem de Steve McQueen em *Fugindo do Inferno* (1963). Esse foi um desafio interessante para os animadores.

Montagem

Em filmes de stop-motion, os editores têm um trabalho árduo, pois não podem fazer o que normalmente fazem. Em filmes de *live--action* e, até certo ponto, com 3D, os editores recebem muitas sequências (como vários ângulos da mesma cena). Eles têm muito material para trabalhar e conseguem ajustar as cenas na pós-produção para avivar o ritmo, inserir um *close-up* para ajudar a narrativa ou mesmo mudar sua ordem totalmente. Devido ao tempo envolvido na criação de sequências de stop-motion, só é prático filmar o que é considerado necessário. Ocasionalmente, em uma cena grande e imponente, pode fazer sentido ter câmeras extras filmando detalhes secundários. Contudo, isso pode ser difícil, pois muitos truques (como apoios escondidos da câmera pelo corpo dos bonecos) seriam expostos com uma segunda câmera.

Então, como fornecemos aos editores uma escolha de sequências? Geralmente, as escolhas têm de ser feitas nos *storyboards*, durante a pré-produção. Essa é uma solução prática, mas lembre-se de que as coisas raramente acontecem exatamente conforme o planejado, e existem outras maneiras de tornar mais fácil o trabalho do editor.

A espontaneidade deve ser estimulada dentro da estrutura geral de seu filme, mas ela pode dificultar a continuidade, especialmente se um filme foi gravado fora da sequência do roteiro. A imprevisibilidade do stop-motion dificulta o fluxo da ação em uma sequência filmada previamente. Se duas sequências não combinarem, o editor precisará disfarçar a falta de continuidade mudando rapidamente para uma cena extra, ou *insert*. Outro problema comum ocorre quando o tempo alocado para uma sequência em particular é insuficiente para representar a ação necessária ou para destacar um acessório particularmente importante.

Para corrigir esse problema, o editor precisa adicionar um *close-up* que não estava nos planos para auxiliar o fluxo da história. Na prática, ajuda se essas mudanças são notadas pelo diretor ainda no estúdio. Normalmente, quando o editor está montando a sequência, os cenários já foram desmontados ou a cena já foi adiante, e não há como voltar atrás para uma nova filmagem (***pick up***).

Tudo isso ficou consideravelmente mais fácil com a gravação digital. Agora, as sequências podem ser ampliadas, o enquadramento um pouco deslocado ou, então, as personagens podem ser registradas contra uma tela azul, para permitir que sejam novamente utilizadas com um fundo diferente. A ação pode ser estendida ou reduzida, caso o *timing* não esteja totalmente correto. Dependendo dos fatores econômicos do filme, uma biblioteca de cenas comuns pode ser construída – isso certamente não é ideal, mas é prático.

O animador pode ajudar a proporcionar flexibilidade para o editor, filmando sempre alguns quadros extras, mesmo que isso signifique sobrepor ações. Para um animador, é muito fácil ficar absorvido na filmagem, ver a sequência como uma entidade completa e concluir tudo habilmente – mas o trabalho do editor é fazer cada sequência fluir suavemente para a próxima. Se duas tomadas sequenciais tiverem vários quadros de ação sobrepostos, escolher o momento certo para cortar, no andamento geral ou no sincronismo com o diálogo ou com a música, ajudará o editor.

O editor também sempre será ajudado se o animador der um bom motivo para uma sequência ser cortada. Cortar para um *close-up* sugere que algo interessante está para acontecer – é até melhor se algo já tiver começado a acontecer, motivando o corte.

Pick-ups são tomadas adicionais, filmadas depois de concluída uma sequência, devido a algum erro de continuidade ou a um detalhe da trama que exige mais clareza.

Pintura sobre vidro

animadora
Caroline Leaf

Algumas técnicas, como a pintura sobre vidro, permitem que as imagens se transformem de *close-up* para plano de conjunto, sem a necessidade de cortes reais, produzindo uma forma de montagem muito lírica e contínua.

Dica: conduzindo à próxima sequência

Para passar para a sequência seguinte, é preciso fornecer quadros suficientes da ação. Um ou dois quadros de um novo movimento não são suficientes, pois isso parecerá apenas um estremecimento no final da sequência. Deve haver movimento suficiente – pelo menos seis quadros – para que ele seja registrado. Isso pode parecer inadequado ao se gravar no estúdio, e parecer estranho quando você vir os movimentos, mas quando a ação continuar na próxima sequência, o corte será suave e invisível.

Fluxo da narrativa

A montagem deve ter sido um conceito estranho e confuso para os primeiros espectadores dos filmes, especialmente o salto de uma locação para outra, em quadros consecutivos, ou de um grande plano para *close-up*. Não é assim que o olho humano funciona, de modo que é importante que as imagens fluam. Assim como a animação de cada quadro precisa se relacionar com o quadro anterior e posterior para que seja fluida, a sequência de tomadas e cortes também deve oferecer transições suaves. Por exemplo, fazer um corte de um grande plano, com uma personagem perceptivelmente à direita do quadro, para um *close-up* dela à esquerda do quadro, criará um efeito desagradável para o espectador. Mas se a personagem estiver à direita no grande plano e na tomada em *close-up*, então a transição será menos incômoda para os olhos. Ela fluirá.

Não é apenas a encenação que precisa fluir. A velocidade de um movimento precisa ser compatível de uma tomada para outra, o que pode ser difícil com stop-motion, quando as tomadas foram gravadas em dias distanciados entre si e por diferentes animadores. Igualmente, se você fizer um corte de uma tomada com muita luz contra um fundo vermelho, para a mesma personagem mostrada de um ângulo diferente, com um fundo escuro azul, sua cena simplesmente não fluirá. A não ser, é claro, que você queira criar um sentimento de desconexão em seu filme, caso isso seja adequado. Lembre-se, contudo, de que é uma das dificuldades da animação fluir da melhor forma possível; assim, quanto mais ajuda pudermos oferecer, usando todos os elementos da produção de filmes, melhor. E é aí que um editor pode colaborar.

Os editores ficam distantes do sangue, suor e lágrimas do processo de filmagem e, assim, não ficam melindrados ao cortar ou reestruturar sequências – tudo para fazer a narrativa funcionar. As tomadas de stop-motion tendem a ser mais curtas do que nas outras formas de animação e produção de filmes. Isso porque muitos fatores, como o tempo acabando, a fadiga, a queda de um boneco, o cenário balançando ou uma luz queimando, podem fazer uma tomada dar errado. Tudo isso torna muito difícil sustentar uma tomada longa. Essas dificuldades são uma consequência inevitável da natureza física do stop-motion – também são um desafio empolgante. O resultado, no entanto, é que as tomadas nem sempre têm o comprimento pretendido, de modo que novas cenas precisam ser inseridas.

Todo corte influencia o compasso e, assim, é importante estar ciente de todas as mudanças no ritmo de uma sequência que quaisquer novas tomadas possam causar. Um filme deve se mover como uma música, com sequências lentas alternadas com sequências mais rápidas, com depressões e picos, tensões e relaxamentos. O andamento não depende apenas da ação da história; depende também do ritmo causado pela alternância de tomadas de tamanhos diferentes e de seu comprimento, ou das mudanças de cor e som. Todos esses elementos afetam o ritmo. Se houver espontaneidade demais na gravação, esse ritmo essencial pode ser perdido. Os editores podem recuar e ver o quadro geral melhor do que a maioria das pessoas.

Tomorrow 2009

animador
Bob Lee

Esta cena utiliza iluminação ousada, planejamento eficaz de cenografia e objetos de cena, composição dinâmica e bom uso do foco – todos os elementos funcionando em conjunto para produzir um quadro muito envolvente.

Dica: mantendo a sequência

A montagem pode ajudar no andamento de qualquer filme com a adição de cortes rápidos, mas lembre-se de que, enquanto uma gravação de apenas quatro quadros de ação desfocada em 3D ainda pode ser assimilada pelo espectador, uma tomada de quatro quadros de stop-motion seria muito mais difícil de assimilar. A falta de desfocagem torna a ilusão de movimento um pouco mais difícil de ser mantida no stop-motion. Além disso, quanto mais diferente uma tomada é da que a precede, mais tempo levará para a mudança ser registrada no cérebro do espectador.

Neste último capítulo, veremos não apenas como obter animação clara e legível, mas também como fazê-la ter algum significado. Veremos as características e peculiaridades específicas do stop-motion, sua imprevisibilidade e fisicalidade e como garantir que cada quadro seja levado em consideração. Tentaremos estimular uma animação criativa e imaginativa, em vez de estritamente realista. Veremos como dar a ilusão de elementos como peso e inércia, os quais ajudam a produzir animação verossímil, e enfatizaremos os aspectos importantes da performance, do *timing* e da atuação, fundamentais a qualquer movimento.

◄

Sonho de Uma Noite de Verão 1959

diretor
Jiří Trnka

Também conhecido como *Sen noci svatojanske*, este belo premiado filme contém algumas performances excelentes. Foi lançado originalmente sem diálogo, contando a história por meio de música, pantomima e dança. Posteriormente, uma versão em inglês utilizou as vozes de alguns dos excelentes atores shakespearianos da época, incluindo a narração de Richard Burton.

Animação no estúdio

Com toda a pré-produção concluída, você está pronto para animar. Essa é a parte divertida, e é por isso que trabalhamos com stop-motion. Lembre-se de que, embora a animação raramente corresponda às imagens que estão em sua mente, com suficiente preparação e paciência, ela pode ser até melhor do que isso.

Provavelmente, em seu estúdio você terá pelo menos um assistente de câmera e alguém, talvez o produtor, estruturando o seu dia – isso o ajuda a se concentrar apenas na animação. O quanto você gravará por dia sempre dependerá dos orçamentos e do padrão de animação exigido. Nos longas-metragens, frequentemente são filmados um ensaio e uma prova final, e assim são esperados talvez de dois a três segundos por dia. Essa luxuosa quantidade de tempo se torna necessária pelo alto padrão de animação exigido para um longa-metragem (que será exposto em telas enormes). Para um trabalho em uma série para televisão, uma taxa diária pode ser entre oito e doze segundos. Isso é rápido, e não permite qualquer ensaio ou retomadas, o que pode ser estimulante. Também é um trabalho muito difícil e físico, mas você pode facilitá-lo estando totalmente preparado e sabendo exatamente o que está fazendo quando começar uma cena. É improvável que você filme todas as cenas de um filme, e ainda menos provável que filme em sequência. Portanto, é absolutamente essencial ter um *storyboard* por perto para verificar exatamente como sua tomada se encaixa no contexto mais geral e na continuidade. Além disso, verifique o boneco antes de cada tomada, testando se a tensão das articulações possibilitará um movimento fácil.

Se necessário, fique em um local tranquilo e represente a cena, para que você possa sentir a coreografia da ação internamente. Não fique envergonhado: isso o ajudará imensamente. Afinal, somos artistas. Usar um espelho para se ver representando a cena pode ser útil, mas lembre-se de que isso pode ser enganoso, caso seu boneco não seja muito parecido com você. A maioria dos filmes terá o diálogo gravado antes que a filmagem comece; portanto, ouça-o várias vezes antes de começar. Tente captar o ritmo, a respiração e as inflexões de voz dos atores. Animar pequenos cacoetes vocais, como respirações ou gagueiras, relaciona a voz ao boneco e surpreende agradavelmente o público.

Às vezes, os filmes têm dois ou mais animadores em uma tomada com numerosos personagens, mas a comunicação necessária entre eles pode retardar o processo, e você poderá ter vários estilos diferentes em uma única tomada; também um pode atrapalhar a movimentação do outro. A maioria dos animadores se sente mais feliz quando está só, não importa a concentração que isso possa exigir. Isso gera uma continuidade mais satisfatória da performance na tomada. Se você puder animar uma sequência inteira, melhor ainda.

Prometheus Bound 2004

animador

Peter Dodd

Vemos aqui uma sequência de contorção animada de forma admirável, que teria sido muito difícil tentar fazer com stop--motion, pois exigiria uma espinha dorsal e um quadril com armação muito sutil no boneco, e a proximidade com a rocha dificultaria o acesso para um bom apoio e uma alavanca. Cuide para que qualquer cena que você esteja planejando seja tecnicamente possível no meio escolhido.

Sinta-se confortável

É fundamental sentir-se confortável em seu estúdio. Verifique se você consegue alcançar todos os pontos onde o boneco andará e se consegue alcançar embaixo do cenário se usar ímãs ou presilhas. Certifique-se também de que a câmera, as luzes e os refletores não atrapalhem seu acesso. Também é importante garantir que haja espaço suficiente para apoiar os cotovelos em uma parte firme do cenário: isso dará firmeza e uma boa ação de alavanca às suas mãos. Sem esse local de apoio, é muito mais provável que suas mãos tremam. Além disso, pergunte-se se você tem todos os acessórios ou os substitutos necessários. E quanto às ferramentas? Obviamente, você precisará de um monitor, um equipamento de gravação, uma trilha sonora, as folhas de exposição e os *storyboards*. Outras ferramentas mais facilmente esquecidas incluem cola, palitos de dente e de churrasco (para alcançar áreas que os dedos não alcançam), chaves Allen para apertar articulações, canetas para fazer marcas no monitor, um medidor de superfície, pinças, uma régua para planejar o espaço e os passos dados pelo boneco, ferramentas de modelagem, fita adesiva, etc.

Parecerá uma bagunça, mas todas essas ferramentas serão úteis. Certifique-se também de que você possa alcançar tudo de maneira confortável, e coloque o monitor dentro de seu campo de visão quando estiver animando. Ser obrigado a se deslocar do cenário para ver o monitor provavelmente o desnorteará a cada quadro. É importante evitar isso para manter algum tipo de aprendizado motor ou memória espacial da cena. Seu tempo no cenário também se tornará mais agradável se você puder evitar pisar em cabos a cada quadro; portanto, retire todos os perigos do chão – perigos para você mesmo ou para qualquer coisa que esteja acontecendo no estúdio. Considere se o estúdio está frio ou quente demais e faça os ajustes que puder. Se o chão parece duro ou frio, coloque um tapete.

O stop-motion exige que os animadores passem longos dias em pé, inclinando-se e alongando-se sob o calor das luzes e, frequentemente, em condições apertadas. Essas peculiaridades físicas são uma consideração séria, especialmente quando a maioria das outras formas de animação permite que você fique sentado em uma cadeira confortável na maior parte do dia. Para nós, normalmente existe a possibilidade de dores nas costas e de vista cansada por olhar os objetos tão de perto.

As unidades de filmagem normalmente são rodeadas por cortinas pretas, não apenas para a iluminação, mas também para ajudar a criar um espaço onde seja fácil focalizar. Para aumentar esse efeito, elimine tudo que possa tirar sua concentração, pois ela é uma parte essencial do processo. Em outras palavras... desligue o telefone! Esses detalhes parecem insignificantes, especialmente para quem trabalha com animação 2D ou 3D (ou teóricos de cinema), mas são uma parte fundamental do processo do stop-motion.

Além disso, é importante ter mãos e dedos flexíveis (e isso está fora de seu controle, mas vale a pena observar). Mãos grandes podem impossibilitar mexer em mecanismos minúsculos; portanto, certifique-se de que seu boneco seja adequado à sua capacidade de manipulá-lo.

Sobretudo, antes de iniciar aquele primeiro quadro, esteja certo de saber exatamente do que se trata a tomada. Fazer quatro horas de gravação e, então, descobrir que sua personagem não está segurando um acessório vital poderia ser desastroso, e é responsabilidade sua evitar isso.

▲

Cenário da Chiodo Brothers

Animador em ação em um cenário da Chiodo Brothers, com o monitor em seu campo de visão.

Dica: esteja preparado

Reveja a ação em sua mente, fazendo marcas ou mesmo prendendo desenhos das personagens nas folhas de exposição para as poses que você precisa atingir em certos sinais. Ter algum tipo de folha de exposição, com o *timing* do diálogo ou da música, tudo claramente decomposto nos quadros, é uma prática excelente. Se necessário, faça marcas sutis no cenário. Verifique se o enquadramento da câmera é amplo o suficiente para conter toda a ação planejada.

Movimento vivo

A animação não precisa necessariamente se mover com a suavidade do balé ou refletir a vida real, desde que o público possa ler a intenção por trás de cada quadro do movimento. Uma animação espasmódica pode funcionar bem, se for entendida como proposital. A boa animação está relacionada ao controle e à orientação do movimento, de modo que o significado, a emoção e a narrativa sejam compreendidos com absoluta clareza.

A técnica e a mecânica da filmagem de stop-motion não podem reproduzir uma cópia exata do movimento vivo. Um boneco sempre terá sua própria maneira inconfundível de se mover. Se isso é atraente ou não é outra questão, mas não é algo pelo que devamos nos desculpar. Em vez disso, devemos tirar proveito de sua estranheza.

Grande parte do movimento em *live-action* é sutil, complexa, meticulosa e errática demais para ser duplicada em apenas 25 quadros por segundo de animação. No *live-action*, as personagens podem se mover durante o quadro exposto; a desfocagem resultante fornece aos olhos informações suficientes sobre a direção do movimento. Com stop-motion, embora equipamentos complexos possam mover um boneco durante a exposição, nossas personagens normalmente ficam estáticas em todos os quadros, o que faz uma diferença enorme e decisiva.

Stop-motion é dar a ideia de movimento, é criar essa ilusão sendo seletivo. Não importa quanto a armadura de seu boneco seja sofisticada, você simplesmente não poderá reproduzir todos os movimentos, todos os pequenos cacoetes singulares que acontecem no *live-action*. Seria tolice tentar. Um boneco tem limitações; tem um esqueleto mecânico que, normalmente, tem bem menos articulações do que seu equivalente humano ou animal, e precisa lutar contra a força da gravidade.

Essas "limitações" só serão um inconveniente se você estiver tentando reproduzir a realidade, mas na verdade devem deixá-lo à vontade. No stop-motion, temos a liberdade de produzir movimentos que se assemelham à dança, pois estamos nos expressando por meio da linguagem corporal de nossas personagens. O stop-motion ainda pode ser sutil, mas precisamos aproveitar a artificialidade do movimento e saboreá-la. É um desperdício reproduzir o que o *live-action* faz quando os bonecos podem ser mais floreados, mais artificiais, mais originais ou simplesmente mais estáticos.

> [Em *Mary e Max – Uma amizade diferente*] a regra era que não haveria linhas retas, nenhum círculo perfeito, tudo tinha de ser um pouco falho, porque o roteiro era sobre personagens com imperfeições.
>
> Adam Elliot

Mary & Max 2009

animador
Adam Elliot

Uma cena comovente de *Mary e Max – Uma amizade diferente*. O longa metragem de Adam Elliot desfrutou, com tecnologia simples, das qualidades práticas do stop-motion.

Dica: dinâmica

É fundamental dar ao público o máximo de informações possível sobre o movimento, a altura e o peso da personagem, e também sobre como ela reage ao ambiente e porque está fazendo o que está fazendo. Também é importante equilibrar movimentos fortes, abertos e excessivos com momentos de calma e imobilidade – a imobilidade é uma parte essencial do movimento. Essa variação da dinâmica dá muita vida às personagens.

Por exemplo, se uma personagem é parada repentinamente por bater em uma parede de tijolos (na realidade uma inofensiva madeira de balsa ou construção em gesso), você pode sugerir a solidez da parede (ou a cinética das personagens) pela maneira como a personagem se endireita com um chacoalhado. Se fosse uma parede macia, você poderia sugerir a energia sendo amortecida por ela. Sem essa dinâmica do mundo real, sua personagem pode parecer simplesmente um boneco em um cenário.

Aproveite o movimento

Para tirar o máximo do stop-motion, é útil aproveitar o movimento. A animação é um meio muito físico, e estudar atividades como dança, mímica e esporte, onde o corpo é expressivo e frequentemente fica em poses extremas, pode ajudar enormemente os animadores. Tente pensar como um dançarino que, preso a uma anatomia muito rígida, tenta impressionar o público, aparentemente cruzando a linha do que é fisicamente possível. Com bonecos, os animadores fazem a mesma coisa. O movimento de um boneco é muito mais impressionante quando brinca com seus limites. Mas se ele cruzar esses limites ostensivamente, desafiando a gravidade, desafiando a anatomia, então se tornará muito menos verossímil.

Os dançarinos experientes têm a capacidade de, depois de ensaiar muito, dançar através do aprendizado motor, sem ter de pensar conscientemente nos movimentos. A dança flui naturalmente, com um movimento levando ao seguinte, guiada pela música. Embora você nem sempre tenha o luxo dos ensaios, deve conseguir algo semelhante conhecendo em detalhes os *storyboards*, com a exceção de que seu papel é tanto de dançarino quanto de coreógrafo.

Dica: movimentos rápidos da dança

Muitas técnicas do mundo da dança podem ser usadas com stop-motion, desde que sejam adequadamente adaptadas. Por exemplo, os bailarinos muitas vezes mudam rapidamente para uma pose forte a fim de enfatizá-la. É difícil transportar esse movimento rápido e enérgico do corpo diretamente para o stop-motion, pois exigiria quadros demais e poderia facilmente parecer um solavanco desajeitado. Contudo, é possível mexer com mudanças de ritmo que forneçam o mesmo efeito. Na dança, esse movimento funciona por parar de repente e aparentemente ignorar as regras físicas da inércia. No stop-motion se dá quase o oposto. O movimento de um boneco funciona quando o público o vê afetado pela gravidade, pelo peso e pela inércia, desde que os efeitos sejam expressos clara e deliberadamente.

The Birth of the Robot 1936

diretor
Len Lye

Neste extraordinário comercial, um homem morre depois de dirigir no meio do deserto, mas, com a ajuda do óleo Shell Mex, é reconstruído como o robô que é a marca registrada da empresa. Com bonecos simples e bonitos e com a suíte *Os Planetas*, de Holst, condensada em apenas sete minutos, este é um exemplo maravilhoso de casamento entre música, narrativa e imaginação.

Os bailarinos fazem exatamente o que fazemos: contam histórias e revelam personagens e pensamentos pelo movimento. Observar e, se possível, tomar parte na dança é inestimável para se aprender o potencial e as limitações do corpo humano. Também é útil para se ter verdadeira consciência do que seu corpo está fazendo, como o peso está se deslocando, como é equilibrado e as formas que você está fazendo. Essa consciência o ajudará a "ver" o movimento, pois nem sempre é fácil esboçar movimentos de stop-motion antecipadamente.

Às vezes, os cronogramas e orçamentos permitem um ensaio para conferir o posicionamento e a iluminação; isso exige animar as personagens em poses de aproximadamente cinco quadros. Contudo, trata-se de um luxo. Normalmente, você terá de ir diretamente para a tomada, e certamente ajuda se puder visualizar as formas e os movimentos das personagens, quer as tenha feito atuar fisicamente ou internamente.

Ajudando o movimento

Quanto potencial tem o movimento em seu filme? No stop-motion, o movimento não está confinado apenas ao modo como uma personagem se move. A maneira pela qual um ambiente reage a um boneco muitas vezes também pode sugerir movimento. Por exemplo, quando uma personagem passa apressadamente pelo quadro, uma perturbação de folhas ou detritos no chão ou portas batendo podem ajudar na ilusão. Xales longos e partes de roupas ficando para trás da personagem dão a ideia de movimento.

Um movimento também será mais perceptível se houver um detalhe de fundo para contrapô-lo. Um boneco de cor semelhante ao fundo insosso, movendo-se por meio de uma iluminação sem contraste e sem sombras, não será tão eficaz quanto um boneco se destacando do fundo, movendo-se pelas sombras. Um movimento em um plano lateral obviamente é melhor registrado do que um movimento em direção à câmera, mas esse movimento lateral não tira o máximo proveito do espaço real, que é uma das maiores vantagens que o stop-motion tem em relação às outras formas de animação. Colocar objetos no primeiro plano, para que as personagens possam se mover atrás deles, cria enorme profundidade. Também as lentes podem ajudar a acentuar um movimento e a profundidade. As lentes de *close-up* tendem a comprimir e achatar o espaço, enquanto as lentes grande-angulares fazem um espaço pequeno parecer maior, com qualquer movimento em direção à câmera ganhando mais dinâmica, tornando a profundidade do espaço mais perceptível.

Velocidade

Todo movimento pode tirar proveito de uma mudança de velocidade. Portanto, é importante entender que o movimento rápido vem de desenvolvimentos amplamente espaçados e o movimento mais lento de desenvolvimentos menos espaçados. Por exemplo, um movimento que esteja acelerando terá evoluções gradualmente maiores. Para visualizar isso, pode ajudar desenhar um movimento da mesma maneira como faz quem trabalha com animação 2D, vendo como os avanços se agrupam para o início lento da ação e, então, se propagam para o trecho rápido.

Quando estiver desenvolvendo sua animação, tente descobrir a dinâmica em cada ação, as mudanças de ritmo e ênfase. Isso pode ser difícil de coordenar, especialmente se houver várias personagens (ou partes de personagens), todas se movendo em diferentes velocidades. Você precisará se lembrar e coordenar todos os diferentes tempos, exatamente como um maestro ou um coreógrafo. Os animadores iniciantes às vezes tentam simplificar o movimento dos vários membros diferentes criando simetria nas poses (isso também é conhecido como *twinning*). A não ser que seja usado como uma parte consciente da narrativa, isso pode parecer muito preguiçoso e desinteressante. Mesmo que animar dois membros fazendo coisas diferentes seja mais difícil de lembrar, o esforço vale a pena, pois movimentos enérgicos em uma mão podem ser equilibrados por movimentos mais comedidos na outra.

War Horse

diretores
Marianne Elliott
e **Tom Morris**

Nesta poderosa produção do National Theatre, cada cavalo é maravilhosamente representado por três operadores bem visíveis. Isso tem muito em comum com o stop-motion, em que o público é cúmplice da técnica de dar vida às personagens, e é uma parte essencial da narrativa. Também é mais gratificante do que uma abordagem realista.

Seja menos realista

Às vezes, um gesto, como uma sutil desaprovação com uma sobrancelha levantada, exige tantos quadros para explicar a ação mecanicamente que o *timing* se torna trabalhoso e o significado é perdido. Nesse caso, você precisa encontrar outras maneiras de retratar o mesmo significado, como um leve suspiro. Se sua personagem precisa pressionar um botão, o botão real pode não se mover ou ser trabalhoso de manipular. Isso exige que você enfatize a ação de outras maneiras, explorando bem a imagem da força do pulso na mão, e depois a relaxando. Uma personagem golpeando o teclado de um piano pode não ter destreza em seus dedos para expressar as notas precisamente, de modo que uma ênfase mais consciente no ritmo das mãos funcionaria. Nada disso é necessariamente realista, mas, no stop-motion, o modo realista raramente é o mais apropriado, mais expressivo ou mais legível.

Como animadores, tudo o que fazemos, da narrativa ao movimento em si, é uma ilusão, e precisamos encontrar a maneira mais clara e direta de criar essa ilusão. Por exemplo, um boneco pequeno representando um ser humano de tamanho natural pesa muito pouco; portanto, para animá-lo aterrissando após um salto, precisamos dar a ilusão de uma personagem muito maior e mais pesada. Isso poderia ser feito enfatizando-se a compressão nos joelhos e no corpo, deixando os braços balançar pesadamente; o que exige mais alguns quadros para exprimir a ação. Isso tira imediatamente o *timing* do *live-action*, mas conta a história claramente. Contudo, assim como no gesto de "desaprovação" mencionado no início do texto, quadros demais podem tornar o gesto menos eficiente.

Sempre se pergunte sobre a velocidade com que algo deve se mover; a resposta deve ser imposta não pelo tamanho do boneco a sua frente, mas pelo peso e pela escala imaginados para a personagem, sua anatomia e sua emoção. Se a personagem vai ser do tamanho de uma casa, provavelmente se moverá com evoluções menores e mais lentas do que algo que deve ser do tamanho de um gatinho. A velocidade da personagem sugere imediatamente seu peso. E, no âmbito emocional, é improvável que uma personagem melancólica se mova tão rápido quanto uma personagem extremamente feliz. Pergunte-se sempre como e por que uma personagem se move. Como você pode representar as emoções da personagem pelo movimento? Não tome a rota fácil de ter uma personagem dizendo que está feliz, mas mostre que ela está feliz. Por exemplo, é comum os programas infantis terminarem com todas as personagens rindo – às vezes, os bonecos não têm bocas móveis e, assim, precisam rir com o corpo inteiro em ritmo de *staccato*. É nessa estratégia menos realista que você precisa começar a pensar. Ela é bem mais criativa.

Judder 2008

animadora
Emily Baxter

Mesmo um boneco sem recursos totalmente móveis ainda pode expressar um processo mental com uma boa linguagem corporal. Aqui, uma personagem do filme *Judder*, de Emily Baxter, certamente parece entregue aos pensamentos.

Coppélia

produção
Birmingham Royal Ballet

Aqui, Swanhilda finge ser a boneca Coppélia. Suas formas angulares rígidas e a falta de fluidez natural sugerem instantaneamente algo mecânico. Observe seus olhos dispersos, indicando a falta de qualquer processo mental. Coppélia mexe com ideias e variações fascinantes a respeito de dar vida ao inanimado.

Mostre a mecânica

Toda ação é constituída de várias partes, e é importante que a mecânica do que está acontecendo seja vista. A ação de uma personagem sentada se levantando precisa incluir o momento em que ela toma a decisão (o processo mental) de se levantar. Esse é o início do movimento – nos olhos e depois na cabeça. Então, o espectador precisa ver o peso transferido da parte traseira da personagem para seus pés plantados firmemente no chão, o que envolve o tronco se inclinando para frente e as nádegas balançando para trás. Em seguida, o bumbum precisa ser colocado sob o tronco, à medida que este se endireita, com a cabeça finalmente ficando postada sobre os ombros. Esse é o final do movimento. Tudo isso acontece em poucos quadros no *live-action*, mas ajuda a criar um movimento verossímil se prolongarmos os momentos da narrativa e as mudanças de direção, usufruindo das curvas inerentes à ação. Você não precisa parar nos momentos-chave, mas destacá-los permite que a ação seja lida. Encontre esses momentos em cada ação e veja onde o movimento começa e onde termina.

Como já foi dito, com muita frequência o movimento é como uma peça musical. Apenas uma nota sustentada, assim como um único movimento contínuo suave, é maçante. Mas se você começar a adicionar ritmos, modulações e andamentos diferentes, ela se tornará muito mais interessante. Felizmente, com stop-motion é muito difícil fornecer apenas um movimento sustentado. O erro humano leva a desenvolvimentos irregulares. Quem usa animação de computador precisa aprender a dar ritmo e dinâmica a essas evoluções, e os animadores que usam stop-motion precisam usar evoluções irregulares e transformá-las em algo proposital.

O salto é um movimento complicado em qualquer forma de animação; ele exige que cada parte do processo seja mostrada claramente. Contudo, no stop-motion esse é um movimento particularmente difícil. Há diversas maneiras de obtê-lo. Os bonecos de stop-motion, por sua própria natureza, fazem um bom contato sólido com o chão. Normalmente isso é uma vantagem, mas, às vezes, é difícil fazê-los parecer leves sobre seus pés. Ficar na ponta dos pés requer uma mecânica delicada e forte nas articulações dos pés, e possivelmente um fio para suspensão e bom equilíbrio. Fazer os bonecos irem mais longe e realmente pularem é ainda mais complicado, mas vale o esforço. Animar uma corrida sem que o boneco saia do chão pode parecer estranho, mas suspender um boneco toma tempo e exige um inevitável trabalho de pós-produção.

Se você estiver filmando em película, os fios de suspensão podem ser ocultos, mas a nitidez digital os expõe. Por outro lado, se você estiver gravando em formato digital, poderá usar equipamentos que podem ser escondidos posteriormente – embora isso custe tempo e dinheiro, caso você não possa fazer por conta própria. Isso precisa ser muito bem pensando na gravação, pois exige uma imagem congelada (*frame*) da tomada vazia para que o detalhe seja substituído na imagem onde os equipamentos estavam. Sempre é bom filmar uma imagem vazia do início da tomada e no final, para ajudar em correções necessárias na pós-produção. Um movimento de câmera complica isso ainda mais, pois talvez seja necessário filmar o movimento sem as personagens, para que você tenha todos os detalhes de cada ângulo coberto.

Um equipamento simples

animador
Chris Walsh

Vemos aqui um equipamento simples e criativo que, quando enquadrado da forma certa, permite que um boneco pareça estar pulando do chão. Esse personagem é do filme *The Magic Projector*, de Chris Walsh.

Dica: possibilite a leitura

Uma das lições mais importantes do stop-motion é que todo gesto deve ser "lido". Você pode garantir que isso aconteça por meio da clareza da pose e incluindo quadros suficientemente significativos para contar a história e mostrar a mecânica. Por exemplo, no *live-action*, um objeto ou personagem pode mudar de direção na exposição de um único quadro. Para obter o mesmo efeito com stop-motion, precisamos dizer isso claramente para o espectador. Precisamos mostrar o objeto diminuindo de velocidade, mudando de direção e, então, acelerando novamente. Mostre realmente o efeito da inércia sobre o objeto, angulando-o à medida que ele muda de direção. Se algo vai ser feito, certifique-se de que seja feito claramente. Do mesmo modo, se algo não está se movendo, deixe lá sem se mover e dê tempo para o espectador perceber que está lá parado deliberadamente. Um quadro apenas não produz uma pausa.

Timing

Quando você já está há uma hora no estúdio animando uma ação que poderá ter apenas alguns segundos de tempo na tela, é muito fácil pensar que a ação filmada parece longa. Tente pensar sempre no *timing* no mundo da tela, e não no estúdio – e não confunda os dois. É surpreendentemente difícil separar essas duas escalas de tempo, mas fica mais fácil com a experiência.

Os animadores iniciantes acham particularmente difícil dar a uma ação mantida (ou pausa) tempo suficiente para o espectador registrá-la. Eles frequentemente passam rapidamente para a ação seguinte, estragando o momento e arruinando a pose. Para evitar isso, você precisa apenas dar ao público tempo suficiente para ver a mecânica física de um movimento ou, novamente, o processo mental e as reações envolvidas em uma representação.

Quando você está animando as reações de uma personagem a um forte estrondo, por exemplo, é tentador fazê-la pular para trás já no quadro seguinte, mas isso eliminaria o tempo de processamento mental e arruinaria a credibilidade. Se você esperar alguns quadros e mostrar a reação facial antes que o corpo reaja, isso é mais verossímil. Não tenha medo de explicar um movimento muito detalhadamente para seu público. Um gesto claro, que engloba uma pausa, é melhor do que vários precipitados. O *timing* não tem mistério; é apenas uma questão de mostrar o processamento mental e a mecânica.

Caminhar

Como vimos no Capítulo 3, seu boneco deve combinar natureza prática com design interessante, e ter pernas suficientemente longas e acessíveis para permitir que a personagem ande, se necessário. De maneira ideal, você precisará segurar o tronco firmemente com uma mão, enquanto manipula as pernas com a outra. É aí que uma terceira mão seria perfeita. É essencial cuidar para que o tronco se mova para frente em cada quadro, pois ele pode se inclinar facilmente. Portanto, é bom acompanhar o progresso do tronco e de

The Typewriter 2004

animador
Richard Haynes

Vemos aqui os roteiros de movimento do curta-metragem *The Typewriter*, de Richard Haynes. A maioria das técnicas de animação permite algum refinamento durante o processo. Com stop-motion, não temos nenhum equivalente da visualização antecipada de um movimento, e temos de fazer tudo certo na primeira vez.

cada membro, marcando-os na tela e certificando-se de que os incrementos estejam ocorrendo na direção correta. Mas, assim como acontece com a maioria das ações, é importante entender o que define o movimento. O "V" invertido de uma caminhada, quando o pé de trás sai do chão e o da frente pisa, é a forma mais forte de andar, e precisa ser enfatizada. Não apresse esse momento. As poses da perna de trás se movendo contam menos sobre uma história do que a pose principal. Veja o ritmo de uma pessoa andando, observe o elevar e o abaixar; é muito fácil complicar demais e perder isso.

No *live-action*, as sutilezas de um andar são imensas, mas é improvável que você tenha o boneco, a paciência ou o tempo para copiá-las precisamente, e nem deveria ter. Mais uma vez, trata-se de escolher e animar apenas o que é essencial e o que define a ação. Uma marcha, por exemplo, utiliza membros precisos e rígidos, com pouca suavidade no final dos movimentos, enquanto um caminhar terá os braços relaxados e um ligeiro atraso. Como frequentemente acontece com stop-motion, ao fazer seu boneco andar, você deve procurar torná-lo verossímil, em vez de realista.

animação bruta (*rough animation*)

clean-up

traçado

finalizada

Brambly Hedge 1996

produção
Cosgrove Hall Films

Devido à anatomia destes belos bonecos, eles precisaram se equilibrar na ponta dos pés na maior parte do tempo. Aqui os pés estavam presos no cenário. Havia, invariavelmente, muitas personagens atuando, com uma combinação de comportamento humano e de rato – e todos aqueles rabos. Isso gerou trabalho extra, mas uma expressão eficiente.

Movimento animal

Criaturas de quatro pernas são sempre um desafio, não apenas pela complexidade de desenvolver a coreografia de cada perna e seus diferentes estágios de locomoção, mas também pelo acesso a cada uma das pernas. Uma personagem de quatro pernas é muito mais "fechada" do que uma de duas, e isso certamente complica o processo de animação. Do mesmo modo, há duas vezes mais coisas a fixar no cenário do que com um bípede.

Portanto, se você tiver personagens animais em seu filme, deve decidir bem no início como se moverão e se comunicarão. Se você optar por manter uma personagem animal em quatro patas, perderá expressão nos membros, os quais serão necessários para a locomoção. Isso significa que você precisará transmitir toda a expressão com a cabeça e a cauda, supondo que seu animal tenha uma (caudas e orelhas são partes vitais da comunicação em personagens animais). Como alternativa, se você colocá-las sobre duas pernas, perderá parte do comportamento animal natural, mas ganhará muito comportamento humano reconhecível.

É interessante ver como, mesmo no mundo flexível da animação, alguns animais animados servem para se transformar em versões de duas pernas e outros claramente não. Muitas vezes, parece que personagens animais relativamente pequenas, como o Sr. Toad de *O vento nos salgueiros* ou os ratos de *Brambly Hedge*, se adaptam facilmente a duas pernas, enquanto quadrúpedes maiores, como girafas e elefantes, só parecem à vontade sobre quatro pernas. Talvez seja por causa do tamanho. Talvez por liberar o movimento das restrições do comportamento realista e celebrar o movimento como um resultado da expressão, em vez da anatomia.

Exercício: antropomorfismo

No stop-motion, animar o movimento de um animal raramente está relacionado a recriar o movimento real do animal. Em geral, está mais relacionado a criar movimento humano dentro dos parâmetros livres da anatomia animal. O antropomorfismo ainda é algo com que todo animador se defronta a cada dia.

Escolha um amigo ou parente e tente imaginar o animal com que ele mais se parece. Peça para ele fazer uma pose e encontre uma linha de ação clara, uma forma e uma história nessa pose. Assim, deverá ser possível transformar a pose em um esboço aproximado do animal. Não precisa ser um desenho bonito; basta captar a energia e o caráter da pose em forma de animal. Se você achar fácil transformar um modelo humano em uma girafa, por exemplo, então certamente é um animador. É isso que fazemos, e é um desafio estimulante.

I ♥
PUPPET

Paciência é algo lembrado sempre que se fala de stop-motion, e é verdade que os animadores que usam stop-motion precisam de paciência. Isso não quer dizer apenas ser calmo. Significa aceitar incondicionalmente que o processo é trabalhoso, maçante, absurdamente meticuloso, tremendamente lento e que exige uma enorme quantidade de esforço para obter um efeito relativamente pequeno. Aceitar isso pode ser desafiador, e muitas pessoas que começam a trabalhar com stop-motion acabam encontrando maneiras mais fáceis de fazer filmes.

Contudo, se você encontrar prazer nas minúcias da profissão ou vibrar de alegria com os resultados de um boneco aparentemente se movendo sozinho, então logo poderá ficar encantado. Se você consegue valorizar alguns segundos de filme produzidos em um dia como uma conquista, então bem-vindo ao stop-motion. Você terá enorme satisfação com as atividades detalhistas da arte, desde colocar a mão na massa e tentar controlar o mínimo detalhe, até a própria repetição do processo. Se você quer dar vida a personagens extraordinárias e muito verossímeis pelo contato íntimo de suas mãos, então o stop-motion certamente é sua praia.

Você precisará aceitar que o imprevisível acontecerá. Veja isso como uma característica positiva, não como uma mudança em seu filme, mas como seu crescimento. Uma vez que aceite isso, o stop-motion poderá ser realmente viciante, pois você fez algo se mover aparentemente sozinho; na verdade, você criou vida. As pessoas que nunca tentaram fazer isso podem achar essa necessidade de dar vida às coisas, essa compulsão de contar histórias, difícil de compreender, e talvez seja isso que dê ao stop-motion um toque especial. Talvez sintamos um orgulho único quando, após uma animação emocionante, algo que é obviamente um pedaço de pano e metal atua de forma verossímil em um cenário ou transmite emoção e faz alguém rir ou chorar – e fizemos isso apenas com nossas mãos.

Certamente, o stop-motion exige uma maneira particular de ver as coisas – nem todo mundo é capaz de olhar um objeto inanimado e ver uma personagem ou uma situação dramática. Nem todo mundo consegue ver um simples objeto e perguntar "e se?". As recompensas são igualmente particulares, mas é algo que você deve amar fazer ou, de outra forma, o que poderia ser muito especial parecerá "cheio de som e fúria, que nada significa".

Mais de 30 anos em ação, e eu ainda amo cada quadro. Estou certo de que você amará também.

Um relacionamento único

Giordano Ferrari (à esquerda) contempla a cabeça de um boneco semelhante a ele, enquanto o fantoche Doreen (na página ao lado) contempla o boneco que é sua própria mão. O relacionamento entre boneco e bonequeiro é bastante singular, com ambos contribuindo igualmente para a performance.

Créditos das imagens

P3 *Max & Co* cortesia de Frédéric Guillaume e Samuel Guillaume, 2007. © Cinemagination
P7 *She-Bop* cortesia de Joanna Priestley.
P8 *The Pigeon* cortesia de Hywel Prytherch Roberts.
P12 *Fúria de Titãs* cortesia de MGM / The Kobal Collection.
P15 *Cinderela* cortesia de Melies / The Kobal Collection.
P17 *The Tale of the Fox* cortesia de Wladyslaw Starewicz Productions / The Kobal Collection.
P18 *Pas de Deux* National Film Board of Canada / The Kobal Collection.
P19 *Edgar Allan Poe* cortesia de Alan Louis © Center for Puppetry Arts ®. Fotografia de Bill Jones.
P21 *Cityco Christmas Campaign 2009* cortesia de Loose Moose and Amaze.
P22 *Achilles*, uma produção da Bare Boards para a televisão Channel Four. Imagem de Paul Stewart. Dirigido por Barry Purves e produzido por Glenn Holberton.
P24 Bonecos de cena cortesia de Blind Summit Theatre / Nick Barnes e Mark Down.
P25; 54; 107 Filme *Next* – An Aardman Animations, imagens de Dave Alex Riddet, dirigido por Barry Purves, produzido por Sara Mullock.
P27; 78; 87 *Rigoletto,* produção de A Bare Boards para S4C. Imagem de Mark Stewart. Dirigido por Barry Purves e produzido por Glenn Holberton.
P28 *Puffer Girl* cortesia de Joan C. Gratz.
P29 *Wife of Bath (Canterbury Tales Part 1)* cortesia de Joanna Quinn.
P30 *The Wrong Trousers* © Aardman/Wallace and Gromit Ltd 1993.
P31; 53 *Harvie Krumpet* cortesia de Melodrama Pictures Pty Ltd.
P32; 75; 102; 128 *Gargoyle* cortesia de Michael Cusack e Anifex Pty Ltd. Fotografia de JoAnne Bouzianis-Sellick.
P33; 80; 186 *Billy Twinkle: Requiem for a Golden Boy* cortesia de Ronnie Burkett Theatre of Marionettes. Fotografia de Trudie Lee.
P34–35; 129; 159 *Tomorrow* cortesia de Bob Lee / Siobhan Fenton. Patrocinado por 4mations Digital Shorts scheme © 2009.
P36 *King Kong* cortesia de Universal/Wing Nut Films / The Kobal Collection.
P37 *King Kong* cortesia de RKO / The Kobal Collection.
P39 *The Dam Busters* cortesia de Associated British / The Kobal Collection.
P41 *O Império Contra-Ataca* cortesia de Lucasfilm / 20th Century Fox / The Kobal Collection.
P43 Cena de teste para Talos de *Jasão e os Argonautas* com agradecimentos a Tony Dalton, cortesia de Ray e Diana Harryhausen Foundation.
P43 *Fúria de Titãs* cortesia de MGM / The Kobal Collection.
P44–45 *$9.99* cortesia de Tatia Rosenthal / Sherman Pictures / Lama Films.
P46 *I Live in the Woods* cortesia de Max Winston.
P47 *The Pogles* cortesia de Loaf, The Dragons Friendly Society.
P48 *Christmas Dream* cortesia de Kratky Film / The Kobal Collection.
P50–51 *Damaged Goods* cortesia de Barnaby Barford, 2008. Concessão da Animate Projects para Channel 4 em associação com Arts Council England.
P55 O Estranho Mundo de Jack cortesia de Touchstone/Burton/Di Novi / The Kobal Collection.
P56; 96; 101 *Life's a Zoo* criado por Adam Shaheen e Andrew Horne II. © 2008 Cuppa Coffee Studios.
P59 *Alice no País das Maravilhas* cortesia de Lou Bunin Productions / The Kobal Collection / Limot.
P60; 151 *Coraline e o Mundo Secreto* cortesia de Focus Features / The Kobal Collection.
P62 *Street of Crocodiles* cortesia de Koninck Studios Ltd.
P63 *A Revolução dos Bichos* cortesia de Vivien Halas. © The Halas & Batchelor Collection Limited.
P65 *Mary Poppins* cortesia de Walt Disney Pictures / The Kobal Collection.
P67 *Balance* cortesia de Christoph e Wolfgang Lauenstein.
P69 *Skhizein* cortesia de Jeremy Clapin / Dark Prince.
P70–71 *Creature Discomforts* cortesia de Leonard Cheshire Disability.
P73 *Babylon* © Channel Four Television 1986. © Aardman Animation.
P76 *There There* cortesia de Chris Hopewell © Collision Films.
P80 *The Tinderbox* cortesia de Purves Puppets. Reg's Revenge cortesia de Nat Miller.
P80; 147 *Lo Guarracino* cortesia de Michelangelo Fornaro.
P81 *All My Relations* cortesia de Joanna Priestley.
P82 *A Noiva Cadáver* cortesia de Warner Bros. / The Kobal Collection.
P84; 104–105 *In the Fall of Gravity* cortesia de Ron Cole, Wobbly Tripod.

P85 *Screen Play*, a Channel Four / Bare Boards Productions. Dirigido, escrito e animado por Barry Purves. Produzido por Glenn Holberton.
P86 *Jack o Matador de Gigantes* cortesia de United Artists / The Kobal Collection.
P88 *The Family Story* cortesia de Chris Walsh.
P89 *Ami* cortesia de Dominique Bongers.
P90 *Small Birds Singing* cortesia de Linda McCarthy e Steven Appleby / Tiny Elephants Ltd.
P91; 94; 95; 118; 131; 140 *Friendly Fire* cortesia de Andy Kaiser/ The End of the Pier films.
P93 *O Cristal Encantado* cortesia de Henson/Universal / The Kobal Collection.
P97 *The Astronomer's Sun* cortesia de Jessica Cope. ©UK Film Council and Screen Yorkshire.
P98 *Pingu* cortesia de HIT Entertainment Ltd and Joker INC d/b/a The Pygos Group.
P100 *Bob o Construtor* cortesia de HIT Entertainment Ltd and Joker INC d/b/a The Pygos Group.
P101; 179 *The Magic Projector* cortesia de Chris Walsh.
P103; 130 *Madame Tutli-Putli* fotografias usadas com permissão do National Film Board of Canada.
P106 *Tales from the Powder Room* cortesia de Darren Burgess and Anifex Pty Ltd.
P108 *Beaver Creek* cortesia de Ian Timothy © 2009.
P109 *Faust* cortesia de Heart Of Europe / Lumen / Athenor / The Kobal Collection.
P111 *Morph* © Aardman Animation 1980.
P113; 157 *The Owl who Married a Goose* cortesia de Caroline Leaf. A National Film Board of Canada Production.
P113 *Bear with Me* cortesia de Uriah Naeh, Bezalel Academy of Art and Design, Jerusalém.
P115 *Les Trois Inventeurs* cortesia de Michel Ocelot, Studio O. *The Tale of Sir Richard* cortesia de Peter Dodd.
P116; 169 *Mary and Max* cortesia de Melodrama Pictures Pty Ltd.
P120–121 *Mutt* cortesia de Glen Hunwick, Circe Films e Glen Art Productions.
P122; 123; 165 *Winter Break Tales* cortesia de Chiodo Bros Productions Inc.
P125 *Electreecity* cortesia de Sarah Davison e Sarah Duffield-Harding, UCA 2008.
P126–127 *Hide and Seek* cortesia de Kerry Drumm & Aaron Wood.
P132 *Lavatory Lovestory* cortesia de Konstantin Bronzit. © Melnitsa Animation Studio.
P133 *L'Oiseau* © Double Mètre Animation / Samuel Yal.
P134 *Wallace e Gromit: A Batalha dos Vegetais* cortesia de Dreamworks/Aardman Animations / The Kobal Collection.
P137 *As Bicicletas de Belleville* cortesia de Sony Pictures Classics / The Kobal Collection.
P143 *Amelia Jane* cortesia de Lynne Pritchard, Gingermog.
P144–145 *The Owl House* cortesia de Jess Cope, The Edinburgh College of Art.
P149 Teste para a sequência dos esqueletos de *Jasão e os Argonautas* com agradecimentos a Tony Dalton, cortesia de Ray and Diana Harryhausen Foundation.
P153 *Gilbert & Sullivan The Very Models* – uma produção Bare Boards para Channel Four Television. Dirigido por Barry Purves, produzido por Christopher O'Hare. Imagem de Jean Marc Ferriere.
P154 *A Fuga das Galinhas* cortesia de Dreamworks / Pathe / Aardmaan / The Kobal Collection.
P160 *Sonho de Uma Noite de Verão* cortesia de Studio Kresceneho A Loutkoveho Filmu / The Kobal Collection
P163 *Prometheus Bound* cortesia de Peter Dodd – A Manatee Idol Production 2004.
P167 *Passeio de Domingo* cortesia de José Miguel Ribeiro. © Zeppelin Filmes/S.O.I.L/il Luster/Folimage. Fotos de Claudia Guerreiro, Niza e Ana Sequeira.
P171 *The Birth of the Robot* cortesia de Shell-Mex / The Kobal Collection.
P172–173 Estudos de dança cortesia de David P. France Dance Company.
P175 *War Horse* cortesia do National Theatre. Fotografia de Simon Annand.
P177 *Judder* cortesia de Emily Baxter (Universidade de Manitoba).
P177 *Coppélia* cortesia de Birmingham Royal Ballet productions. Photography Bill Cooper. Elisha Willis como Swanhilda e David Morse como Doctor Coppelius.
P180 *(R)evolution* cortesia de Michael Cusack e Anifex Pty Ltd.
P183 *The Typewriter* cortesia de Richard Haynes e Mikolaj Watt.
P184 *Brambly Hedge* © 2009 Hit Entertainment Limited dos livros Brambly Hedge de Jill Barklem.
P187 Giordano Ferrari fotografia cortesia de *Castello dei Burattini – Museo Giordano Ferrari* (*Museum of Puppetry, Parma*) em colaboração com IBC Emilia Romagna fotógrafo: Marcello Rossini.

Nota à edição brasileira

No cenário contemporâneo da animação, que inclui técnicas cada vez mais apuradas, o stop-motion exerce um fascínio peculiar junto ao seu público. Ousando, muitas vezes, rumar na contramão das tendências que buscam captar com minúcia aspectos da realidade (como os movimentos do corpo, as expressões faciais ou as diferentes texturas), o stop-motion alia a expressividade poética a uma aparente simplicidade.

Uma das grandes contribuições deste livro, em que Barry Purves generosamente compartilha com o leitor sua ampla experiência na área, é justamente demonstrar como a aparência despojada dessa técnica exige uma dedicação apaixonada do animador. Para auxiliá-lo, existem cada vez mais ferramentas digitais, que permitem maior eficácia no seu trabalho, sem que esse perca a sua essência predominantemente artesanal.

Esperamos que a leitura desta obra possa auxiliar os animadores brasileiros que pretendem se aventurar no stop-motion, uma técnica ainda pouco explorada no país, mas que é capaz de cativar profundamente as mais diversas audiências.

Sérgio Nesteriuk
Mestre e doutor em Comunicação e Semiótica
Diretor de Educação da Associação Brasileira do Cinema de Animação

ANIMAÇÃO BÁSICA

Trabalhando com ética

Lynne Elvins
Naomi Goulder

Nota da editora

O tema "ética" não é novo, mas a reflexão sobre ele dentro das artes visuais aplicadas talvez não esteja tão presente quanto deveria. Nosso objetivo é ajudar uma nova geração de estudantes, educadores e profissionais a encontrar uma metodologia para estruturar as suas ideias e reflexões nessa área tão importante.

A editora espera que este anexo, **Trabalhando com ética**, atue como uma plataforma para a reflexão e como um método flexível para a incorporação de questões éticas no trabalho de educadores, estudantes e profissionais. Nossa abordagem consiste em quatro etapas:

A **introdução** tem por objetivo ser uma visão geral acessível da ética, em termos tanto de desenvolvimento histórico quanto de temas mais discutidos atualmente.

A **estrutura** distribui a reflexão ética em quatro áreas e levanta questões sobre implicações práticas que podem ocorrer. Marcando as suas respostas a essas questões na escala apresentada, você poderá explorar as suas reações mais profundamente por meio de comparação.

O **estudo de caso** expõe um projeto real e levanta algumas questões éticas para uma maior reflexão. Esse é um ponto de foco para o debate, e não para a análise crítica, portanto, não há respostas predeterminadas, certas ou erradas.

As **leituras complementares** trazem uma seleção de livros para você se aprofundar nas áreas de maior interesse.

Ética: consciência/ reflexão/ debate

Introdução

A ética é um tema complexo que entrelaça a ideia de responsabilidade junto à sociedade e um grande leque de reflexões relevantes sobre o caráter e a felicidade do indivíduo. Ela engloba virtudes como compaixão, lealdade e força, mas também confiança, imaginação, humor e otimismo. Conforme introduzido na filosofia grega antiga, a questão ética fundamental é *o que eu deveria fazer?* O modo como devemos perseguir uma vida "boa", de bondade, não levanta apenas questões morais sobre os efeitos de nossas ações sobre os outros, mas também questões pessoais sobre a nossa própria integridade.

No mundo contemporâneo, as questões mais importantes e controversas em ética têm sido as de cunho moral. Com o crescimento das populações e os avanços na mobilidade e na comunicação, não surpreende que as reflexões sobre como estruturar nossas vidas, todos juntos no planeta, tenham emergido ao primeiro plano. Para artistas visuais e comunicadores, não deve ser surpresa que essas considerações entrem no processo criativo.

Algumas questões éticas já estão consagradas nas leis e regulamentações governamentais ou em códigos de conduta profissional. Por exemplo, plágio e violação de confidencialidade podem ser ofensas sujeitas a punição. A legislação de várias nações torna ilegal a exclusão de pessoas com deficiência do acesso à informação e aos espaços. O comércio de marfim como material foi banido em muitos países. Nesses casos, uma linha sob o inaceitável foi claramente traçada.

A maioria das questões éticas permanece aberta ao debate, igualmente entre especialistas e leigos, e, no final, precisamos fazer as nossas próprias escolhas com base em nossos próprios princípios ou valores. É mais ético trabalhar para uma empresa comercial ou beneficente? É antiético criar algo que os outros achem feio ou ofensivo?

Questões específicas como essas podem levantar outras questões mais abstratas. Por exemplo, é importante apenas o que afeta os seres humanos (e sobre as coisas com as quais se importam), ou o que afeta o mundo natural também merece atenção? A promoção dos fins éticos é justificada mesmo quando os meios exigem alguns sacrifícios éticos? Deve haver apenas uma teoria unificadora para a ética (como o utilitarismo, que prega o curso de ação correto como aquele que sempre conduz para a maior felicidade do maior número de indivíduos possível), ou deve haver sempre vários valores éticos diferentes que puxam as pessoas em diversas direções?

À medida que entramos no debate ético e nos comprometemos com esses dilemas em nível pessoal e profissional, podemos mudar nossos pontos de vista ou nossa visão sobre os outros. O verdadeiro teste, entretanto, é se, conforme refletimos sobre esses temas, mudamos nossa maneira de agir e de pensar. Sócrates, o "pai" da filosofia, propôs que as pessoas são naturalmente "boas" quando e se sabem o que é certo. Mas essa afirmação só nos leva a outra questão: *como sabemos o que é certo?*

Você
Quais são as suas crenças éticas?

A sua atitude em relação às pessoas e aos problemas ao seu redor é central para tudo o que você faz. Para algumas pessoas, a ética pessoal é uma parte importante das decisões que tomam no dia a dia como consumidores, eleitores ou profissionais. Outros podem pensar pouco sobre a ética e, ainda assim, não ser antiéticos por esse motivo. Crenças pessoais, estilo de vida, política, nacionalidade, religião, sexo, classe, educação, tudo isso pode influenciar o seu ponto de vista ético.

Usando uma escala de 1 a 10, onde você se posicionaria? O que você leva em conta ao tomar decisões? Compare os seus resultados com os de amigos ou colegas.

01 02 03 04 05 06 07 08 09 10

O seu cliente
Quais são os seus termos?

As relações de trabalho são cruciais para o emprego da ética em um projeto, e a sua conduta no dia a dia demonstra a sua ética profissional. A decisão de maior impacto é, primeiramente, com quem você escolhe trabalhar. Empresas que fabricam cigarros ou comercializam armas são exemplos frequentemente citados quando se discute sobre onde deveria ser traçada uma linha, mas raramente as situações reais são tão extremas. Até que ponto você pode rejeitar um projeto por questões éticas e em que medida a realidade de ter que ganhar dinheiro para sobreviver afeta a sua capacidade de escolher?

Usando a escala de 1 a 10, onde você posicionaria um projeto? Como isso se compara com o seu nível de ética pessoal?

01 02 03 04 05 06 07 08 09 10

As suas especificações
Quais são os impactos dos seus materiais?

Recentemente, temos visto que muitos materiais naturais estão cada vez mais escassos; ao mesmo tempo, estamos mais conscientes de que alguns materiais feitos pelo homem podem ter efeitos nocivos em longo prazo sobre as pessoas ou o planeta. O que você sabe sobre os materiais que utiliza? Você sabe de onde eles vêm, o quanto viajam e sob quais condições são obtidos? Quando a sua criação não for mais necessária, ela será de reciclagem fácil e segura? Ela desaparecerá sem deixar rastros? Essas considerações são de sua responsabilidade, ou estão fora do seu alcance?

Usando a escala de 1 a 10, marque o quanto suas escolhas de materiais são éticas.

01 02 03 04 05 06 07 08 09 10

A sua criação
Qual é o objetivo do seu trabalho?

Entre você, seus colegas e o *briefing*, qual é o objetivo da sua criação? Qual será o propósito dela na sociedade? Ela fará uma contribuição positiva? O seu trabalho deve ter outros resultados além do sucesso comercial ou dos prêmios? A sua criação pode ajudar a salvar vidas, a educar, a proteger ou a inspirar? Forma e função são dois aspectos básicos do julgamento de uma criação, mas há pouco consenso sobre as obrigações dos artistas visuais e dos comunicadores para com a sociedade, ou sobre o papel que podem ter na resolução de problemas sociais e ambientais. Se você quer ser reconhecido como criador, qual é a sua responsabilidade pelo que cria e onde essa responsabilidade deve acabar?

Usando a escala de 1 a 10, marque o quanto o propósito do seu trabalho é ético.

01 02 03 04 05 06 07 08 09 10

Estudo de caso — Fritz, o gato

Um dos aspectos da animação que levanta um dilema ético é o uso do meio para retratar visões inspiradoras ou educativas que outros meios podem ter dificuldade para comunicar. A animação tem o poder de dar vida e significado a cenários futuristas ou de fantasia onde as câmeras não podem ir. Com isso, vem a capacidade de ajudar o público a pensar de uma maneira diferente. Isso também tem a capacidade de abordar os assuntos mais difíceis ou perturbadores e tratá-los de maneira a tornar possível assisti-los. É responsabilidade dos animadores sempre encarar o meio com seriedade a respeito do que ele pode realizar na mente dos espectadores? As intenções menos sérias são sempre superficiais e, assim, menos importantes, ou há um papel legítimo para o puro entretenimento ou escapismo?

Fritz, o gato foi uma personagem de história em quadrinhos criada por Robert Crumb, artista e ilustrador norte-americano, conhecido por seu estilo característico e pela visão crítica e subversiva do comportamento de seu país. Fritz apareceu impresso pela primeira vez no final dos anos 1960, durante o Underground Comix Movement, do qual Crumb é considerado uma das figuras mais proeminentes. À medida que a personagem Fritz se desenvolveu, tornou-se uma paródia dos boêmios de classe média que diziam estar buscando verdades cósmicas, quando, na verdade, estavam mais interessados em se arranjar com as mulheres.

A ideia de fazer um longa-metragem ocorreu quando o produtor Steve Krantz se deparou com algumas das histórias. Krantz e o diretor Ralph Bakshi entraram em contato com Crumb para discutir os direitos de filmagem. O filme animado é uma sátira da vida acadêmica, das relações inter-raciais, do movimento do amor livre e da política dos anos1960. Ele se concentrava em Fritz, que explorava os ideais do hedonismo ao participar em importantes revoluções sociais baseadas no movimento de protesto estudantil da época. Lançado nos cinemas em 1972, o filme foi uma das primeiras animações a ser considerada obscena. A trama incluía várias personagens antropomórficas envolvidas em sexo grupal, consumo de drogas, roubo de carros, perturbações da ordem pública, estupro, violência doméstica e atentado a bomba a uma central elétrica.

Diz-se que Bakshi queria que o filme fosse a antítese das produções de Walt Disney, e incluiu duas referências satíricas a elas. Em uma delas, as silhuetas de Mickey Mouse, Minnie Mouse e Pato Donald são mostradas encorajando a Força Aérea dos Estados Unidos a jogar *napalm* sobre uma vizinhança negra durante um tumulto. Conta-se que duas animadoras desistiram de participar, uma porque não poderia contar aos seus filhos no que estava trabalhando e a outra porque se recusou a desenhar seios expostos.

Afirma-se que Crumb detestou tanto o filme que moveu uma ação para tirar seu nome dos créditos. Contudo, como o nome dele permaneceu, não se sabe se isso é verdade. A despeito das objeções de Crumb, *Fritz, o gato,* foi um sucesso de bilheteria. Produzido com menos de US$1 milhão, foi o primeiro filme animado independente a arrecadar mais de US$100 milhões. Mas o desagrado de Crumb com o filme o levou a matar a personagem e impedir a produção de qualquer outro filme.

É mais ético usar personagens animados, em vez de atores reais, para retratar cenas de sexo ou violência?

É antiético desenvolver uma história sem envolver o escritor?

Você teria trabalhado em *Fritz, o gato*?

A animação pode explicar qualquer coisa que a mente humana conceber. Essa facilidade a torna o meio mais versátil e explícito de comunicação já inventado para apreciação rápida em massa

Walt Disney

Leituras complementares

AIGA
Design Business and Ethics
2007, AIGA

Eaton, Marcia Muelder
Aesthetics and the Good Life
1989, Associated University Press

Ellison, David
Ethics and Aesthetics in European Modernist Literature: From the Sublime to the Uncanny
2001, Cambridge University Press

Fenner, David E W (Ed)
Ethics and the Arts: An Anthology
1995, Garland Reference Library of Social Science

Gini, Al and Marcoux, Alexei M
Case Studies in Business Ethics
2005, Prentice Hall

McDonough, William and Braungart, Michael
Cradle to Cradle: Remaking the Way We Make Things
2002, North Point Press

Papanek, Victor
Design for the Real World: Making to Measure
1972, Thames & Hudson

United Nations Global Compact
The Ten Principles
www.unglobalcompact.org/AboutTheGC/TheTenPrinciples/index.html